I0301589

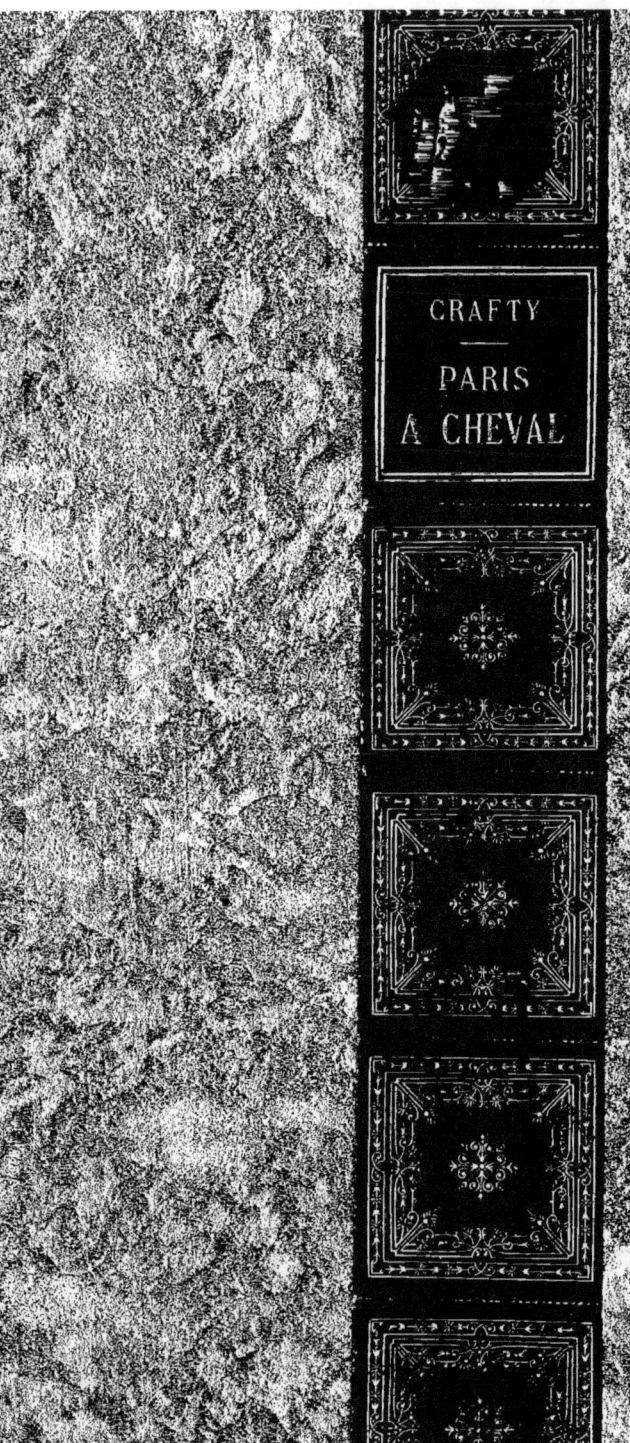

PARIS A CHEVAL

L'auteur et les éditeurs déclarent réserver leurs droits de traduction et de reproduction à l'étranger.

Ce volume a été déposé au ministère de l'intérieur (section de la librairie) en novembre 1882.

PARIS A CHEVAL

TEXTE ET DESSINS

PAR

CRAFTY

AVEC UNE PRÉFACE

PAR

GUSTAVE DROZ

PARIS

E. PLON et Cie, IMPRIMEURS-ÉDITEURS
RUE GARANCIÈRE, 10

1883

Tous droits réservés

A Monsieur MARCELIN,

Directeur du journal LA VIE PARISIENNE.

Mon cher maître,

Vous avez publié mon premier dessin, et j'espère bien que vous publierez mon dernier.

Permettez-moi donc d'inscrire ici votre nom en témoignage de ma gratitude et de mon bien sincère attachement.

CRAFTY.

Paris, le 15 octobre 1882.

PRÉFACE

PAR

GUSTAVE DROZ

A M. CRAFTY — PARIS

Mon cher Ami,

Vous voulez bien m'envoyer les épreuves de votre charmant livre; je suis on ne peut plus sensible à cette aimable attention, et je vous remercie mille fois.

Certains de vos croquis ont la sûreté d'un Carle Vernet, et votre texte conserve d'un bout à l'autre des allures pimpantes, faciles et malicieuses, dont le succès n'est pas douteux.

Tout cela est vivant, observé, et sent la causerie délicate d'un homme bien élevé. Bravo, mon cher, et bonne chance.

Mais, dites-moi, c'est un album anglais feuilleté chez moi, il y a bien des années, qui vous donna, paraît-il, l'idée de tailler votre plume de cette façon-là?

Si courtoisement que vous vouliez bien me rappeler ce souvenir, le mérite est bien mince d'avoir eu un album anglais sur sa table au moment où un homme d'esprit passait par là.

Je n'en remercie pas moins le ciel de cette coïncidence, puisqu'elle va me donner quelque droit à la reconnaissance publique et me vaut dès maintenant votre gracieux envoi.

Un léger reproche, cependant, voulez-vous me permettre? Je cherche en vain dans votre livre quelques paroles émues au sujet d'un animal infiniment précieux auquel il m'est impossible de songer sans émotion. J'entends parler, mon ami, du cheval dit *pour vieux monsieur,* de cette bête aimable et superbe qui semble toujours emporter un héros à travers le Grand Saint-Bernard. Vous l'avez vue comme moi, rassemblée, écumante, rongeant son frein... C'est un ouragan prêt à éclater : les enfants crient, les femmes s'écartent; cependant que le vieux monsieur, souriant et calme, contient cette tempête en tirant sa manchette avec des grâces infinies.

— Ce cheval, me dites-vous, n'est qu'un mouton prétentieux.

— Il est fort doux, j'en conviens.

— Une bête sans fond ni moyens, un cheval à roulettes, un bibelot d'étagère qui dépense en une petite heure de coquetteries savantes tout ce qu'il a de force, de volonté, et, après son tour de lac, rendu mais triomphant comme un pianiste, ne demande, à l'exemple de son maître, qu'à retrouver sa flanelle et ses bonbons fondants. Pour tout dire, c'est la bête la plus inutile de la création.

— Inutile, en effet, dans le sens courant de ce mot; mais c'est précisément cette inutilité qui me ravit.

Au milieu d'un monde affolé de raisonnable, on se prend de tendresse pour les êtres qui n'ont pas le sens commun. A une époque où tous les hommes sans exception sont bons à tout, il y a une jouissance réelle à rencontrer au moins un cheval qui ne soit bon à rien.

Qu'il est flatteur, dans ces temps de gros ouvrages, de n'être bon à rien, d'avoir les pieds trop sensibles pour chausser les bottes fortes qu'il faut pour barboter par le monde!

L'inutile n'est-il pas le seul petit coin à l'abri du vent où l'on trouve un peu de mousse pour s'étendre, rêver un moment et mourir?

L'inutile! Eh! grand Dieu! Mais c'est l'idéal, c'est l'exquis, c'est Morand, Voiture, Saint-Évremond! C'est la perle limpide qui s'échappe des doigts de la Fontaine; c'est la politesse aussi, et l'amour, et l'honneur! C'est la fleur qui embaume le sentier et ne croît pas sur les talus de chemins de fer.

L'inutile, c'est Dieu.

Saluons, mon cher ami, ne serait-ce que par excentricité.

Oui, j'aime le cheval dit *pour vieux monsieur,* parce qu'il est le dernier représentant de la vieille équitation française, d'un art exquis, tout d'élégance et de finesse, qui ne mettait pas la perfection du cheval uniquement dans sa rapidité, mais bien dans sa soumission, sa souplesse, c'est-à-dire dans le parfait équilibre de ses forces.

Vous arrivez, il est vrai, par le croisement et l'élevage à tripler la vitesse d'un cheval, comme vous arrivez à tripler la grosseur du chou par l'usage raisonné de certains engrais. J'admire ce travail; mais, en fin de compte, les bêtes ainsi obtenues ne sont que des bêtes admirablement déséquilibrées. Ces monstres puissants ne sont plus des animaux, mais des engins, et vous montez dessus comme on monte en wagon.

Associés dangereux que vous dirigez tant bien que mal, comme on dirige un incendie, en faisant la part du feu, mais dont vous ne serez jamais les maîtres.

— Ces bêtes sont nécessaires à l'heure qu'il est, car il faut bien aller le train de tout le monde.

— Je l'admets, quoique à regret. Permettez-moi du moins de regretter le temps où les chevaux marchaient leur pas et les hommes aussi, où le monde n'était pas une usine, l'art un produit, l'âme une bêtise et la vitesse l'unique vertu.

— Les chevaux vites, me dites-vous encore, ne sont pas seulement utiles, ils sont agréables, puisqu'à la chasse même vous ne pouvez vous en passer, et...

— N'achevez pas : vos tendances m'inquiètent. Vos bêtes sans souplesse, toujours en avant de la main et en dehors du cavalier, ont tué du même coup la chasse et l'équitation. Aussi bien l'un n'allait pas sans l'autre.

Forcer un cerf en trente-cinq minutes, humilier un chevreuil ou un renard, dévorer l'espace en soufflant dans les petites trompettes du marchand de robinets qui ont remplacé la noble Dampierre de la vieille vénerie, ce n'est pas ce qu'on appelle chasser; c'est courir très-vite, rien de plus. Les chemins de fer et les autruches vont encore plus rapidement.

L'hallali n'est pas un but, mais une fin, négligeable d'ailleurs. Chasser, c'est lire posément les ruses du gibier, c'est dénouer un écheveau sans effort ni violence, c'est trouver sur l'heure des expédients, c'est mettre à profit une expérience longuement acquise, une science qui veut de l'étude, du temps, et ne s'improvise pas.

On ne joue pas aux échecs sur un cheval lancé comme un boulet.

Courir vite n'est donc pas chasser; souffler fort dans des appareils étonnants n'est pas faire de la musique; casser les vitres et brûler les maisons n'est pas conquérir son indépendance; et c'est merveille en vérité que l'aisance avec laquelle nous saisissons d'abord le côté brutal et sot de toute chose.

Partout on s'épuise à trouver des moyens surhumains, et de ces efforts il est résulté un outillage formidable qui ne peut servir qu'à une société de Titans. Mais est-il bien sûr que nous ferons souche de demi-dieux; est-il bien sûr que les idées deviennent d'autant plus belles et nombreuses que se font plus puissants les moyens de les répandre; est-il bien certain qu'en triplant la portée des canons on ait aussi triplé la vue des artilleurs, et que notre faculté de jouir ait augmenté avec les moyens de jouissance?

Hélas! notre société ressemble pas mal à ces vieillards qui font construire une annexe à leur cuisine le jour où ils ne digèrent plus.

Il n'y a pas que le cheval où l'équilibre soit rompu : je vois des bras partout et de tête nulle part.

Ne serions-nous pas, mon ami, de très-petits hommes en train d'être mangés par leurs engins?

Je vous serre les deux mains.

GUSTAVE DROZ.

La Vauguyon, 30 septembre 1882.

PREMIÈRE PARTIE

CAVALERIE PARISIENNE

PARIS A CHEVAL

Sur le chemin du marché.

PREMIÈRE PARTIE

CAVALERIE PARISIENNE

CHAPITRE PREMIER. — Son recrutement.

De quoi se compose la cavalerie parisienne. — Son recrutement. — Le *marché aux chevaux*. — Le *Tattersall*. — Le cheval de trois mois. — Chez Chéri. — Les grands marchands. — Le marchand chic. — Son écurie. — Son piqueur. — Le marchand français. — Son installation. — Le marchand de cheval. — Marchands suburbains. — Les arrivages en gare. — Les annonces. — Bon cheval de service, se monte, s'attelle, a chassé, mis pour dame.

IL n'y a, paraît-il, rien de plus rare à Paris qu'un véritable Parisien, issu de Parisiens, Parisien lui-même, et procréateur de Parisiens. Certains hommes de science vont même jusqu'à affirmer que non-seulement ce phénomène n'existe pas, mais qu'il ne saurait exister, que les lois de l'anthropologie s'y opposent, et que le Parisien de pur sang ne peut dépasser la deuxième génération. De ce fait, prouvé ou non, ils donnent une foule de raisons basées sur l'hygiène : la transmission des infirmités produites par la vie surmenée, surchauffée, surchargée de préoccupations, à laquelle les nécessités sans cesse renaissantes de la lutte pour l'existence condamnent les habitants d'une ville arrivée à l'apogée de la civilisation. De là, la nécessité d'une immigration constante de la province dans la capitale, compensée d'ailleurs, dans une certaine mesure, par l'émigration des citadins vers la campagne.

Ce même mouvement de va-et-vient, nécessaire au renouvellement de la race humaine dans les grandes villes, prend pour leur cavalerie des proportions invraisemblables. Si elles consomment rapidement un homme, elles ne font qu'une bouchée d'un cheval, cela dit sans aucune allusion aux époques d'hippophagie obligatoire, sinon gratuite, que nous avons dû subir.

Les causes d'usure pour le malheureux cheval amené à Paris des mille et un pays où l'on s'occupe de sa production sont innombrables; mais la plus terrible est sans contredit la façon déplorable dont se recrutent les cochers chargés de les conduire, et les palefreniers qui ont mission de les soigner.

Machines de la force d'un grand nombre de chevaux, spécialement affectées dans le quartier des Champs-Élysées à la liquéfaction de l'avoine.

Es premiers les surmènent, et les seconds ne les pansent qu'après avoir bu leur avoine, c'est-à-dire avec la désinvolture de gens qui, personnellement bien repus, trouvent que tout est pour le mieux dans la meilleure des écuries. — Dans ces conditions, le cheval le plus robuste ne saurait résister longtemps : brutalisé, mal soigné, mal nourri, il dépérit ou devient rétif, et, dans les deux cas, son propriétaire se voit obligé de le remplacer. — Il ferait infiniment mieux d'expulser, avec tous les égards dus à sa négligence, l'homme cause de tous ces maux; mais, outre qu'il aurait toutes chances de rencontrer aussi mal, sinon pis, il ignore presque toujours les méfaits de celui-ci, et, comme sa malheureuse victime n'a aucun moyen de faire connaître ses griefs, c'est toujours elle qu'on exile.

Cette injustice commise, on se lance à la poursuite du cheval incomparable qui doit réunir toutes les qualités. Aux mérites qu'on exige d'un quadrupède, quel maître serait digne de traîner son propre coupé? — A la difficulté de trouver réunies dans un même animal toutes les perfections, vient alors se joindre l'embarras du choix. — A quelle race donner la préférence? quelle taille adopter? quel modèle choisir? Si les grands chevaux ont leurs qualités, les poneys ont aussi les leurs, et les animaux d'origine méridionale peuvent lutter avec ceux que le Nord nous envoie. — On tombe alors dans un océan de perplexités dont le hasard peut seul vous tirer.

Embarras du choix.

Tous les spécimens de la race chevaline sont en effet réunis à Paris, où chacun d'eux trouve son emploi : le pygmée shetlandais aussi bien que le mastodonte poitevin; le cheval syrien y rencontre le cheval cosaque, et le trotteur russe s'y voit dépasser par le trotteur américain; les hongrois y traînent nos fiacres, tandis que les mustangs des prairies de la Plata y portent nos dragons, et nos élégants montent à tour de rôle des pur-sang anglais ou arabes, sans négliger les irlandais et toutes les variétés de demi-sang produites aux quatre coins de la France, tandis que les wurtembergeois et les normands traînent leurs coupés et leurs phaétons.

Le fusilier Dumanet, rendant compte au sergent Pitou d'une visite qu'il avait faite au Jardin des plantes, affirmait avec raison que cet établissement zoologique renfermait tous les animaux, « depuis les plus incohérents jusques aux plus superficiels ». Cette phrase, qui pourrait avoir été consacrée à l'arche de Noé, s'applique avec une incontestable précision à la cavalerie parisienne, d'origine essentiellement cosmopolite.

Cette macédoine hippique, dont l'ensemble constitue la cavalerie parisienne, est à l'ordinaire éparpillée chez les différents particuliers, et aucune loi ne s'oppose à ce que Jacques échange son cheval contre celui de Paul ; aucune loi ne défend non plus à Paul d'acheter à Jacques son trois pour cent ou son mobilier espagnol.

Cependant, l'usage fait qu'on s'adresse de préférence à un agent de change, ou qu'on va directement à la Bourse. — Quand il s'agit de chevaux, l'agent de change s'appelle un marchand, et la Bourse est le marché.

Au *marché aux chevaux*, situé dans un quartier absolument excentrique (le boulevard de l'Hôpital), le cheval de luxe ne se rencontre qu'à l'état d'exception. — Le petit nombre d'animaux d'origine distinguée qu'on y amène n'y arrivent qu'après une série d'aventures analogues à celles qui conduisent un fils de famille à se faire cocher de fiacre ou chiffonnier.

Le fait se produit assez fréquemment pour qu'un observateur scrupuleux le mentionne, mais trop rarement pour qu'il puisse conseiller à un amateur de chevaux brillants d'aller s'y remonter. — Pourtant le spectacle vaut le déplacement. — Rien de plus pittoresque, en effet, que la foule des maquignons, le va-et-vient des chevaux, le mouvement des animaux qu'on présente, les efforts des chevaux de trait qu'on essaye à la montée sur un squelette aux roues enrayées, auxquelles se cramponnent des grappes humaines, et ces longues files de vigoureux percherons attachés à la queue leu leu, conduits par un gamin, tout fier d'avoir à diriger un aussi beau convoi aux crinières  enguirlandées et nattées, aux croupes rebondies et luisantes, au milieu des haridelles décharnées, osseuses, et criblées d'écorchures, que traînent péniblement par la figure de misérables maquignons qui cherchent à tirer encore

Un coin du marché aux chevaux (boulevard de l'Hôpital).

AU MARCHÉ AUX CHEVAUX.

profit de pauvres animaux auxquels les services rendus et les misères souffertes donneraient droit à ce repos éternel qu'ils ne trouvent que chez l'équarrisseur. — C'est là, feu Grammont, qu'il vous faudrait aller pour bien vous rendre compte de l'inutilité de la loi que vous avez élaborée, loi de luxe inapplicable, qui protége de temps à autre l'animal contre un excès de brutalité frénétique, mais ne le soustrait jamais au travail excessif, dispro‑

portionné ; qui frappe quelquefois l'ivrogne, affolé par la fureur, qui crible de coups de manche de fouet, voire de coups de couteau, son cheval abattu, mais n'atteint pas le misérable sans pitié qui, cruel de propos délibéré, soumet à un labeur permanent un animal épuisé, endolori, et lui impose, pendant de longues années, des efforts et un travail depuis longtemps au-dessus de ses forces. — Mais quel remède à ces maux ?

Le *Tattersall français* vient immédiatement après le marché aux chevaux. — Vente aux enchères publiques, vente à l'amiable, pension et dressage. — Dans cet établissement, copié sur celui des frères Tattersall de Londres, auxquels il a pris par surcroît le nom qu'il porte, le nombre des chevaux vendus atteint un chiffre absolument respectable.

L'installation matérielle est irréprochable : vastes écuries, excellent manége, forges, boxes, remises, magasin de carrosserie, sellerie, tout y est aménagé de la manière la plus confortable et la plus pratique. — La nature même de cette installation exceptionnelle fait que toutes les ventes importantes y viennent fatalement, puisque seul le Tattersall possède un local capable de contenir, par exemple, tous les produits disponibles d'une écurie de courses. — De pareilles ventes sont de véritables solennités sportives, et l'on y rencontre non-seulement tout ce qu'il y a de propriétaires de chevaux, mais encore tous ceux qui auraient le désir d'en posséder, au cas où..... une passe au baccarat, une heureuse spéculation, un héritage, ou un riche mariage, viendrait à les faire sortir d'une médiocrité qui n'a absolument rien de doré.

Si c'est au Tattersall qu'ont forcément lieu les grandes ventes de chevaux de pur sang, on y trouve également à acquérir des animaux n'ayant aucune espèce de sang.

De même qu'on peut, dans les immenses caravansérails du commerce parisien, *Bon Marché, Printemps, Louvre,* et autres magasins, se procurer aussi bien deux sous de fil qu'un mobilier de cinquante mille francs et même davantage, de même, rue Beaujon, on peut se rendre indifféremment acquéreur d'un lot de vingt ou trente yearlings d'un prix moyen de dix mille francs, ou d'un bon quadrupède de cent écus propre à tout service, n'exigeant pas une locomotion rapide. — C'est ainsi qu'on est sûr d'y trouver, pendant les premiers mois de l'été, l'animal spécial qui répond au nom pittoresque de *cheval de trois mois.*

Ce vocable ne désigne nullement, dans le langage particulier du monde sportsman, un animal encore à la mamelle, bien au contraire; bon nombre d'entre eux ont atteint ce degré de longévité que les programmes enregistrent uniformément sous le terme de hors d'âge, — soit qu'ils aient seulement dépassé l'âge de neuf ans (comme qui dirait la grande majorité des chevaux), ou qu'ils soient parvenus à une vieillesse invraisemblable. — Le surnom donné à ces intéressants quadrupèdes indique seulement la durée des services que leur acquéreur en attend.

A cheté pour venir faire à la campagne, pendant toute la saison d'été, toutes les corvées prévues et imprévues, c'est lui qui va à la gare chercher les invités, à la poste prendre le courrier aux heures où le piéton ne fait pas de distribution. — C'est lui qu'on prête aux cavaliers par occasion.

Il doit donc se monter et s'atteler; mais, pour qu'il soit complet, il faut qu'il ait été « mis pour dame », qu'il joigne à une santé

Une vente de chevaux pur sang au Tattersall français (rue Beaujon, Champs-Élysées).

UN JOUR DE VENTE AU TATTERSALL.

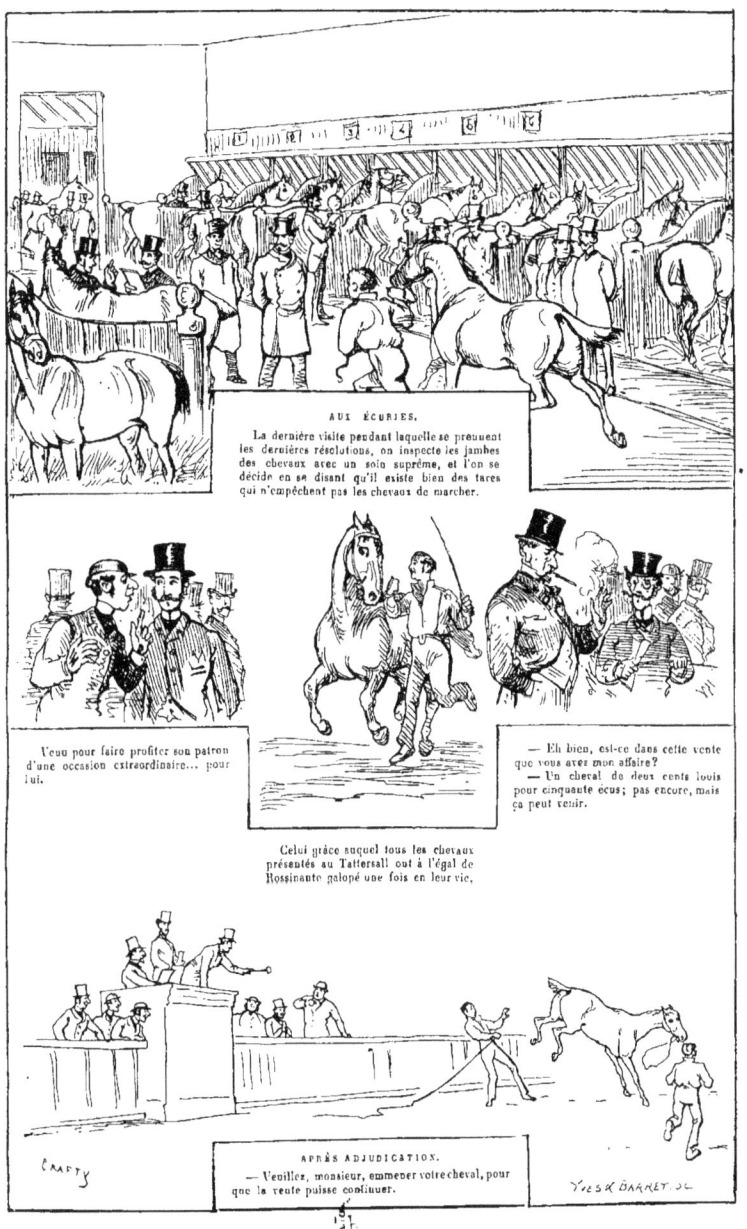

robuste la douceur inépuisable d'une sœur de charité, et qu'il ajoute à tous ces mérites celui de coûter un petit prix.

Cet animal à aptitudes si multiples se rencontre régulièrement au Tattersall le samedi; les autres jours de la semaine, nulle part.

On comprend qu'on n'ait pas le droit d'exiger d'un animal doué d'un aussi grand nombre de qualités morales la perfection physique.

Aussi la beauté du cheval de trois mois est-elle généralement problématique. S'il n'est pas ensellé à la manière des hamacs, c'est qu'il est arqué, panard, orné de jardons ou criblé d'éparvins.

L'idéal cherché est un restant de beau cheval ayant gardé sa silhouette et des membres à peu près nets. Nettoyé à fond, les crins faits avec soin, garni convenablement, il fait alors encore illusion aux observateurs superficiels, et ne dépare pas de façon trop criante la cavalcade à laquelle on l'adjoint.

Le danger à courir pour l'acheteur de ce cheval à tout faire, généralement vendu sans garantie, est qu'il n'ait aucune des qualités énumérées au programme : qu'il ne s'attelle qu'avec répugnance, ne se laisse monter qu'à contre-cœur, et ne soit affecté d'une maladie quelconque le rendant impropre à tout service.

Un de mes amis en possède deux dans ces conditions : le premier, dès qu'on le met à une allure vive, siffle de manière à faire croire qu'il transporte une volière bondée de merles; le second, qui tousse à fendre l'âme et jette à lui seul comme les deux cascades des deux lacs, a une peau de mouton sous la ganache, un séton au poitrail, un vésicatoire sur le flanc gauche, et exige des soins tellement minutieux qu'il absorbe complétement un homme, dont le reste de l'écurie aurait le plus urgent besoin.

Il faut avouer que ces deux animaux ont été vendus véritablement pour rien, — à moins qu'on ne fasse entrer en ligne de compte les frais que le traitement de leurs infirmités entraine, et la nécessité où se  trouve leur propriétaire d'en acheter un troisième, afin d'assurer le service auquel il les avait destinés.

 L'*Établissement Chéri,* que son importance commerciale classe immédiatement après le Tattersall, a une clientèle toute spéciale, — qui tour à tour achète ou vend. — Les chevaux qui s'y échangent sous le marteau du commissaire-priseur sortent de chez M. Y... pour retourner chez M. Z..., qui les tenait lui-même de M. W...

Tout le monde s'y connaît au moins de vue, et les renseignements qu'on y échange sur les animaux inscrits au programme sont empreints d'une 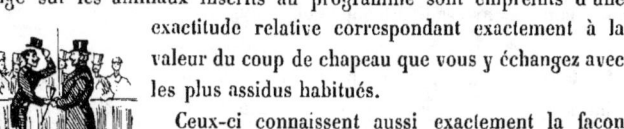 exactitude relative correspondant exactement à la valeur du coup de chapeau que vous y échangez avec les plus assidus habitués.

Ceux-ci connaissent aussi exactement la façon dont vous montez que la main qui convient à tel cheval, et jugent infailliblement si l'accord peut s'établir entre l'acquéreur et l'acquisition faite.

Si un achat contraire à leur verdict s'effectue sous leurs yeux, ils peuvent dire exactement à quelle date le cheval nerveux ou la jument quinteuse aura lassé la patience de son nouveau propriétaire, et

affrontera de nouveau le feu des enchères; ils savent en outre, à cinq francs

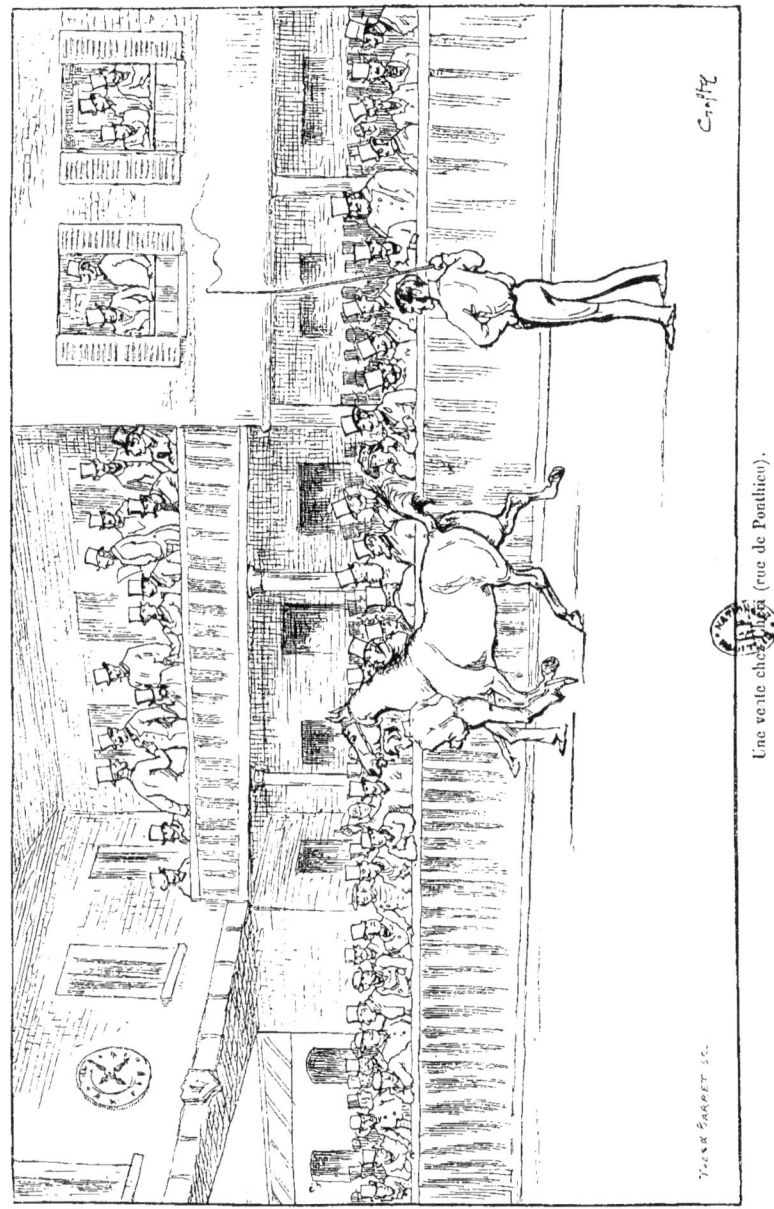

Une vente chez Chevallier (rue de Ponthieu).

UN JOUR DE VENTE CHEZ CHÉRI.

près, la dépréciation que fera subir à la marchandise le fait d'avoir cessé de plaire dans un délai plus ou moins court. — Ils connaissent tous les tics des chevaux amenés, et peuvent prévoir à quel coin de rue les démêlés probables entre tel cavalier et sa monture auront leurs résultats définitifs.

Les habitués de chez Chéri sont d'une fidélité complète à leur établissement de prédilection. — Ils peuvent suivre les autres ventes, mais ils n'achètent que là. — Chasseurs pour la plupart, ils tiennent essentiellement à se remonter en chevaux ayant subi les épreuves du laisser-courre, et ils sont sûrs de voir passer rue de Ponthieu tout l'effectif mobile des grands équipages.

Moins vaste que le Tattersall, l'établissement Chéri est plus pittoresque, et présente, aux beaux jours du printemps, un spectacle très-suffisamment attrayant pour attirer des curieux qui n'ont aucune arrière-pensée d'achat.

Les élégants gentlemen, montés sur la terrasse qui domine l'allée où l'on présente les chevaux, accoudés aux fenêtres du salon de madame Lyon-Chéri, assis sous les galeries qui bordent la cour, forment des groupes intimes autour desquels rôdent les quelques courtiers désireux de leur recommander un cheval qu'ils sont chargés de placer, et les marchands de chiens ambulants qui transportent, sous l'un et l'autre bras, dans tous les endroits où ils ont chance de rencontrer un amateur, les plus séduisants spécimens de leur fonds de commerce : disséminez dans ces groupes quelques femmes élégantes auxquelles un ami complaisant a voulu montrer un cheval digne de les porter au Bois le  matin, et vous aurez un tableau très-capable de tenter le pinceau d'un Detaille ou le crayon d'un autre.

L'*Établissement Hippique*, situé aux Champs-Élysées, complète la liste des endroits où se font les ventes publiques. Là, comme ailleurs, l'homme heureux peut rencontrer le cheval idéal, mais l'homme sage n'y doit pas compter.

Viennent ensuite les innombrables marchands dont l'énumération seule remplirait tout un volume, mais qu'on peut réduire à deux catégories : le marchand à la mode, — Anglais ou simulant l'Anglais, — à l'instar anglais, — comme disent nos voisins de Bruxelles, et le marchand français, à la bonne franquette, qui est resté de sa province, Normand ou Picard, Poitevin ou Morvandiau, selon que l'a décidé le Dieu qui a présidé au hasard de sa naissance.

Entrons tout d'abord chez le premier, — *le marchand chic*. — L'entrée monumentale est aux Champs-Élysées, ou tout au moins dans l'une des avenues élégantes qui y accèdent. — Allée sablée, ton sur ton, sable jaune foncé sur les côtés, sable jaune lavé au milieu, cour carrée, avec bordure de pavés; à droite, le bureau; au fond et sur les côtés, écuries et boxes; peu de chevaux, une vingtaine au plus; mais quelle mise en scène! quelle tenue d'écurie! pas un brin de paille en dehors des stalles, pas une souillure sur la litière.

Des mains invisibles escamotent au passage tout ce qui pourrait laisser comprendre aux visiteurs que les lois communes de la vie s'appliquent aux animaux exceptionnels appelés à l'honneur de leur être cédés contre un prix exorbitant. Ce prix, qui semble avoir définitivement adopté la devise de

L'écurie d'un marchand chic — genre et prix anglais.

l'intendant Fouquet : *Quo non ascendam?* est toujours énoncé en livres. Le louis, qui avait dès longtemps remplacé le franc, est maintenant oublié... — On ne chiffre plus que par livres sterling, — c'est l'usage anglais, et tout marchand chic, fût-il originaire de Tarascon, suit l'usage anglais. — L'usage

Le piqueur du marchand genre anglais.

susdit veut encore que le piqueur soit également Anglais, avec cette différence que, s'il suffit au patron de paraître Anglais, il faut que le piqueur le soit réellement, — qu'il monte de telle façon que, sous lui, le premier cheval venu ait l'air d'être admirablement mis, et qu'il ait un physique qui fasse valoir sa monture. Le problème cherché par le marchand chic est moins de vendre

beaucoup que de vendre très-cher. — Il l'a résolu. — C'est chez lui qu'on trouve, de temps à autre, et pour la bagatelle d'une cinquantaine de mille francs, un attelage à quatre tout prêt.

Quand on va chez lui payer un petit *chival* (je ne vois pas d'autre manière d'orthographier la façon dont il prononce l'objet de son commerce), qu'on a eu l'imprudence de lui acheter la veille, on a l'air d'aller traiter une affaire industrielle en Tunisie, tant on est surchargé de sacs d'écus et de portefeuilles gonflés à faire éclater leur marocain. On ne voit pareilles sommes qu'entre les mains de joueurs heureux après une banque phénoménale ou celles de caissiers en déplacement pour la Belgique.

Chez le *marchand français*, la mise en scène est aussi primitive qu'elle est raffinée chez son confrère à la mode. — Il s'est installé sur un terrain non encore construit, reste des jardins d'un ancien hôtel coupé par le percement de quelque rue nouvelle; les écuries, très-vastes, ne sont qu'une façon de hangar où se trouvent alignés une quantité de chevaux médiocrement pansés et absolument mal nourris.

Le luxe de couvertures déployé par son voisin lui est absolument inconnu, et il se soucie aussi peu de la tenue de ses hommes que de l'état de la litière de ses animaux.

Le seul point commun à tous les marchands de chevaux est la richesse d'imagination, qui leur permet d'attribuer à chacun des animaux qu'ils possèdent des qualités admirables. — Tous ont une merveilleuse origine : leur père a gagné cent mille francs de prix en steeple-chase, et leur mère a fait dans les courses au trot des prodiges de vitesse. — Comme caractère (et ils jugent tout de suite si vous êtes désireux d'acquérir un animal d'une réelle douceur), on voudrait en trouver l'équivalent chez sa femme ou chez sa belle-mère; une égalité parfaite, jamais un mouvement nerveux, aucune défense. Ils en sont à chercher ce qui pourrait bien l'effrayer. En un mot, on peut le donner à conduire à un enfant et le faire monter par un notaire.

A vérité est que le cheval est arrivé l'avant-veille de Normandie, qu'il ne l'a pas encore attelé, et que l'homme d'écurie qui le monte pour vous le présenter éprouve les plus grandes difficultés à le faire sortir de la cour. — Et, si l'on allait au fond des choses et qu'on se livrât à une enquête extra-parlementaire un peu sérieuse, il n'y aurait rien de surprenant qu'on apprît sur le compte de cet animal tant vanté une série d'anecdotes terrifiantes pour la sécurité probable de son futur propriétaire et absolument inquiétantes pour l'avenir.

Si vous hésitez deux jours à prendre un cheval qu'il vous aura chaleureusement recommandé, et que vous vous décidiez au bout de quarante-huit heures, vous avez grande chance de ne pas le retrouver; bien plus, le marchand ne saura plus de quel cheval il s'agit. — La question pour lui est de vendre toujours et quand même; son écurie est un passage, une sorte d'hôtellerie où les chevaux ne doivent pas séjourner.

Ce genre de marchand est généralement le fournisseur attitré d'une grande compagnie, compagnie de chemin de fer, entreprise de voitures, à moins qu'il n'ait la remonte de la garde républicaine ou des grands magasins du *Mauvais Marché,* ce qui l'oblige à des approvisionnements considérables, et par conséquent à une vente perpétuelle, sous peine de voir absorber en frais d'entretien les bénéfices possibles.

A la suite de ces grands marchands, viennent une myriade de petits formant une seconde catégorie réunie sous le nom générique de *marchands de cheval.*

L'installation de ceux-ci est d'autant plus sommaire que la plupart du temps la marchandise qu'ils vous proposent est encore entre les mains des particuliers qui cherchent à s'en défaire. Plus courtiers que marchands, leur écurie, située dans quelque ruelle du vieux Chaillot, est presque toujours déserte.

— Ils n'achètent eux-mêmes que dans un cas pressant, à la suite d'un départ précipité ou d'un accident tel que le propriétaire précédent ne veut plus ni voir ni entendre parler de l'animal qui l'a causé, et veut s'en défaire immédiatement et à tout prix.

Dans les cas ordinaires, ils se contentent du rôle d'entremetteur, et touchent à la fois la remise du vendeur et la commission de l'acheteur. —

QUELQUES EFFETS DU GINGEMBRE.
CE QU'ON ATTEND DE SON EMPLOI. — CE QU'IL PRODUIT.

Le marchand de cheval accomplit presque toutes ses opérations en plein air, guettant l'amateur aux abords des établissements de vente, aux portes des grands marchands.

Installation d'un marchand de cheval (quartier du vieux Chaillot).

Si vous avez passé huit jours à chercher sans le trouver, dans le quartier des Champs-Élysées, un cheval de selle dans les prix abordables, vous êtes tout étonné de voir arriver chez vous un matin l'un de ces industriels qui, parfaitement au courant de ce qu'il vous faut, vient vous proposer un animal que son propriétaire cherche à placer.

Comment a-t-il su votre adresse? qui lui a dit ce que vous cherchez? il ne vous le dira pas, mais il est facile de reconstituer la manière dont il a opéré son enquête. — Comme il connaît de vue tout ce qui monte ou attelle dans Paris, il sait  le genre de chevaux que vous préférez; en vous voyant entrer chez les marchands et suivre les ventes, il a compris que vous étiez en remonte; aux enchères, il a vu sur quels chevaux vous aviez mis, et, par le chiffre auquel vous vous êtes arrêté, il a su le prix que vous consentiez à mettre à votre acquisition. Ainsi renseigné, il en sait autant que vous sur l'objet de vos désirs, et comme, d'autre part, il connait par les hommes d'écurie dont il fréquente les cabarets attitrés tout ce qui  se trouve à vendre chez les particuliers, il vient vous relancer jusqu'à domicile pour vous offrir la pie au nid. —  Il semble qu'en effet il la trouve quelquefois, puisqu'à tout prendre le métier nourrit son homme tant bien que mal, mais plutôt mal que bien.

D'autres marchands, généralement installés dans le voisinage des barrières, *intra* ou *extra muros*, et que nous désignerons sous le nom de *marchands suburbains*, sont de véritables entrepositaires, sorte d'intermédiaires entre les éleveurs et l'acheteur.

Les chevaux leur arrivent par véritables convois, et sortent de chez eux par bandes, pour aller remonter les compagnies d'omnibus, de tramways, de transport quelconque.

Quoique la plupart des animaux qui leur sont confiés soient des chevaux communs chez lesquels on recherche seulement la force, et dont le dressage laisse toujours énormément à désirer, le particulier peut trouver là de véritables occasions; les entrepreneurs qui s'y approvisionnent repoussent en effet de parti pris tous les

Cas exceptionnel où le marchand de cheval, tenté par l'occasion, consent à faire une acquisition directe.

produits qui ne leur paraissent pas avoir une puissance musculaire en rapport avec les travaux auxquels ils les destinent, négligeant les animaux plus légers exceptionnellement joints au convoi, qui, s'ils tombent

entre des mains soigneuses et expérimentées, peuvent former d'excellents attelages de chevaux de service, durs au travail, résistants à la fatigue et
d'un caractère aussi doux que leur tempérament est rustique.

Convoi en route sur Paris.

Ajoutons à cette longue nomenclature des moyens d'approvisionnement que possède Paris, le concours hippique, dont nous aurons à parler en détail dans l'un des chapitres suivants, et signalons enfin, pour ne rien oublier, les annonces faites à la quatrième page des journaux par les particuliers qui redoutent les ventes publiques et s'intéressent assez aux animaux auxquels ils renoncent, pour vouloir savoir à qui ils les cèdent.

Inutile de faire remarquer que les animaux ainsi recommandés aux amateurs par la voie de la presse sont généralement doués de toutes les qualités imaginables; « bon cheval de service, très-sage et très-brillant; se monte et s'attelle, a chassé; mis pour dame » : telle est la formule la moins enthousiaste généralement adoptée.

D'autres vont plus loin : s'il s'agit de vanter la douceur de la monture dont ils veulent se défaire, la dame qui la montait habituellement est remplacée par un enfant de sept ans. — Si au contraire on veut faire valoir l'énergie du cheval en question, la formule « a chassé » fait place à celle de « a couru ». Malheureusement, « qui veut trop prouver, dit le proverbe, ne prouve rien ».

Ce qui faisait dire à un sceptique de ma connaissance auquel on offrait une de ces prétendues merveilles pour un tout petit prix : « Quel dommage qu'il ne sache pas un peu de cuisine! moi qui cherche un serviteur à tout faire. »

CHAPITRE II. — Dans Paris.

De la circulation en général. — Conseils pratiques. — De l'omnibus et de ses rapports avec les équipages particuliers. — Les tramways. — Voitures-réclames. — *Old England and C⁰*. — Arbres ambulants. — Fers et moellons. — Anecdote rétrospective. — Les camionneurs. — MM. les bouchers, laitiers, maraîchers, cochers de fiacre et maraudeurs. — L'art d'accrocher. — Les ordinaires de la *Compagnie générale*.

Quand, à force de recherches, de sacrifices de temps et d'argent, un particulier est arrivé à s'outiller d'une façon qui le satisfait, qu'il s'est procuré des chevaux marchant au train qui lui convient et des voitures dans lesquelles il se trouve à son gré, la difficulté pour lui est de conserver le tout intact au milieu d'une circulation aussi active que mal dirigée.

Il faut avoir conduit soi-même pour savoir combien Paris renferme de cochers improvisés, ignorant de la façon la plus absolue les principes élémentaires de la profession qu'ils exercent, et complétement incapables de distinguer leur droite de leur gauche, notion qui constitue cependant la base de

— T'es pressé? qu'est-ce que ça me fait? je ne le suis pas!

toute conduite, puisque c'est toujours sa droite qu'on doit prendre, soit qu'il faille faire place à une voiture venant en sens inverse, soit qu'on doive livrer passage à une voiture qui vous dépasse.

Un cocher qui néglige ce principe fondamental fait sur la chaussée les mêmes vis-à-vis interminables que les provinciaux en rupture de chef-lieu d'arrondissement exécutent sur les trottoirs, quand le hasard les met en présence d'un homme aussi peu au courant qu'eux-mêmes des difficultés de la circulation dans les rues de la capitale.

Ajoutez à la maladresse d'un nombre incalculable de cochers la quantité effrayante des véhicules et le poids exagéré de certains d'entre eux, et vous aurez les données essentielles d'un problème dont la solution vous mettra en mesure d'apprécier les dangers sans cesse renaissants auxquels s'expose le malheureux imprudent qui se lance assis dans un léger boggy au milieu de cette bagarre.

Le plus grand danger qui menace incessamment les voitures de petit poids et de mince volume est sans contredit la rencontre des omnibus; pour elles, le plus léger contact avec ces maisons ambulantes, dont le volume et la pesanteur augmentent de minute en minute, est presque toujours fatal. Le lourd véhicule du prolétariat, dont la largeur toujours croissante occupe aujour-

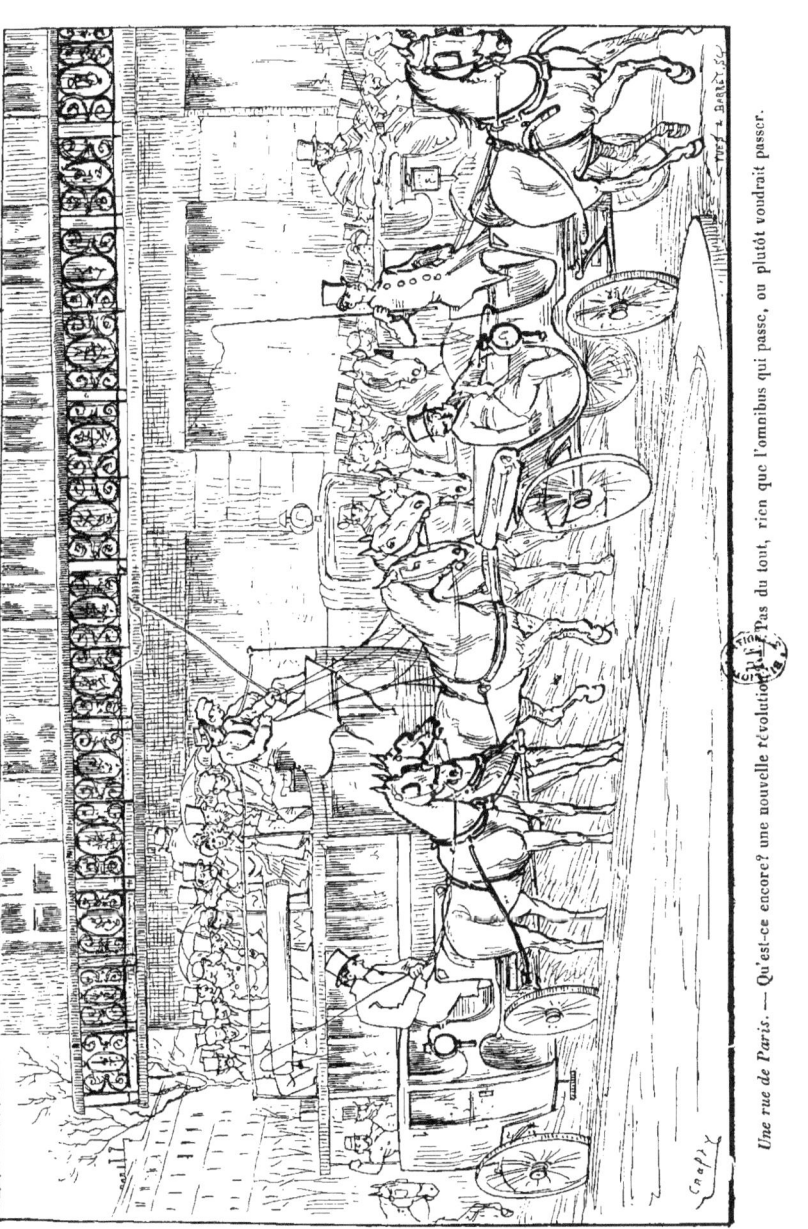

Une rue de Paris. — Qu'est-ce encore? une nouvelle révolution? — Pas du tout, rien que l'omnibus qui passe, ou plutôt voudrait passer.

d'hui la plus grande partie de la chaussée, serre impitoyablement contre les trottoirs tout ce qu'il rencontre sur sa route, accrochant de droite et de

gauche les moyeux des voitures arrêtées aux portes, entraînant en arrière celles qui marchent en sens inverse de sa direction, et culbutant les imprudents qui, forts de leur droit, persistent à vouloir garder leur part de la voie publique.

Dans les rues en pente, les évolutions des omnibus sont absolument terrifiantes. — Dans la rue Notre-Dame-de-Lorette comme dans celle des Martyrs, la descente est tellement rapide que, malgré les freins les plus puissants, les énormes voitures à trois chevaux exécutent de véritables dégringolades, chassant du train de derrière le long des trottoirs dont elles déracinent les becs de gaz aussi facilement que vous cueilleriez un œillet dans votre jardin, et menaçant à chaque instant de se renverser sur les passants, qu'elles aplatiraient sans miséricorde si cette culbute, toujours imminente, venait à se réaliser. — Par bonheur, il arrive que les accidents les plus vraisemblables ne se produisent pas, et celui-là ne s'est pas encore produit : louons-en le Seigneur.

Jusqu'à présent, l'omnibus est seul à exercer ses sévices dans les rues étroites. — Dans les voies dites de grande communication, il est activement secondé dans son œuvre de destruction par le tramway, dont la marche implacable impose aux conducteurs des autres voitures toutes sortes d'humiliations, en les obligeant quand même à lui faire place.

Tellement absorbé par le feu de la conversation, qu'il est seul à ne pas s'apercevoir qu'il est en train d'écraser un passant.

Si les allures tyranniques du tramway ne justifiaient pas l'animosité qu'il inspire à toutes les personnes qui ont à conduire dans Paris des chevaux un peu difficiles, les bruits étranges qu'il produit sous prétexte d'avertir de son passage suffiraient à motiver surabondamment leur exaspération.

Les sons enroués qu'il émet incessamment sont tellement discordants, que, comparativement, les grognements du cornet à bouquin en paraissent harmonieux et font penser aux concerts séraphiques qu'espèrent entendre dans un monde meilleur les abonnés du Conservatoire.

Ces avertissements assourdissants, dont le plus clair résultat est d'affoler tout animal un peu vigoureux, ne sont rien encore auprès des effets produits par l'aspect des tramways à vapeur.

Dans les voies à tramways, c'est maintenant tout tramways, exactement comme dans l'étang du Marseillais, où c'était « tout poisson ».

Tramways à vapeur. — De leur influence sur la sécurité des cavaliers.

Le fait d'avoir autorisé en plein quartier civilisé la circulation de ces étranges appareils équivaut à un véritable attentat contre la sécurité des citoyens, et je ne crois pas qu'il existe un statisticien assez statistiquant pour chiffrer le nombre des cavaliers désarçonnés et des cochers versés pour s'être trouvés inopinément face à face avec ces lourds mastodontes qui produisent à la fois, au milieu des avenues les plus fréquentées, un bruit assourdissant, des torrents de feu et des flots de fumée.

Après le passage d'un tramway à vapeur. Croquis d'après nature.

Quand on pense à l'effarement qu'une semblable apparition doit causer dans l'intelligence d'un animal qui sort de sa prairie, habitué au calme des champs, dont l'oreille n'a jamais entendu que le bruissement des feuilles, le murmure des eaux et les concerts des oiseaux, on est en droit de s'étonner que le chiffre des accidents ne soit pas encore plus considérable, et que les vétérinaires ne soient pas appelés à constater un plus grand nombre de cas de folie subite parmi les clients qui leur sont journellement amenés.

Il faut avouer, pour rester dans la justice, que les grandes compagnies publiques de transport ne sont pas seules à multiplier dans Paris les causes d'accident. — Comme si leurs inventions multipliées ne suffisaient pas à maintenir en état permanent de danger mortel tout promeneur inoffensif, cavalier, voiturier ou piéton, les particuliers ont réuni les efforts de leur imagination pour multiplier ce que l'on me permettra d'appeler les écueils de la navigation parisienne.

Au premier rang des élucubrations produites par la démence privée, il convient de citer les véhicules bizarres dans lesquels la maison de *Old England* transporte ses produits.

Ces voitures, qui participent de la carapace et du hangar ambulant, constituent de véritables épouvantails pour les animaux un peu impressionnables, et déterminent notamment les chevaux de selle, qui conservent une plus grande liberté de mouvement que les chevaux attelés, à envahir les voies de communication habituellement réservées aux piétons, ce qui est aussi préjudiciable à la sécurité de ces derniers qu'à l'équilibre des cavaliers qui montent les premiers.

J'ai vu, de mes yeux vu, de malheureux chevaux, affolés par l'aspect de ces homards artificiels, chercher un refuge jusque dans l'intérieur des magasins, causant ainsi le plus grand préjudice à la symétrie des articles de Paris, et le plus grand effroi aux nombreux clients de la classe aussi laborieuse qu'intéressante de nos commerçants au détail.

Quoiqu'un axiome de droit naturel proclame que la liberté de chacun finit où commence la liberté d'autrui, et que je considère que la liberté du particulier veut qu'il puisse monter à cheval sans être menacé dans son existence par les réclames de ses contemporains, je ne demande pas plus la suppression des boîtes écarlate consacrées au transport des productions d'outre-Manche que celle des équipages de forme extraordinaire et de coloration invraisemblable jetés dans la circulation pour faire connaître aux foules l'existence de l'oignon brûlé, de l'insecticide Bornibus ou de l'eau de mélisse.

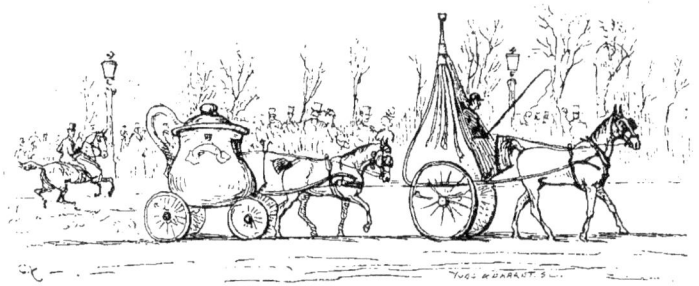

Réclames ambulantes.

Non, le ressentiment que j'éprouve au souvenir des mécomptes personnels que la rencontre de ces divers objets inqualifiables dans toutes les langues connues a pu me causer, ne me pousse pas à cet excès de sévérité. — Qu'il me soit seulement permis d'exprimer un vœu. *Id est*, disaient les anciens; à savoir, disent encore les huissiers, qu'il soit interdit, par une loi s'il est nécessaire, par une ordonnance de police si cela suffit, à toute compagnie d'assurances contre les accidents de consentir une police au propriétaire de pareilles machines infernales, de façon que celui-ci reste toujours directement et pleinement responsable des désastres causés par les promenades carnavalesques exécutées à son profit.

L'administration municipale, ne voulant sans doute pas rester en arrière des grandes compagnies et des commerçants parisiens, a dû aller chercher jusque dans Shakespeare l'idée qu'elle a mise en pratique pour épouvanter les chevaux tant soit peu nerveux. — Là où tous les directeurs de l'Odéon ont misérablement échoué, elle a pleinement réussi, et grâce à elle, la forêt qui marche a passé du domaine de l'imagination dans celui de la réalité. — A l'heure qu'il est, les arbres se promènent aussi facilement que le premier goutteux venu. — Quelqu'un, un poëte suffisamment au courant du langage sylvestre, pourrait recueillir dans nos squares des dialogues équivalents à celui-ci :

— Ne trouvez-vous pas, mon cher congénère, que l'air devient bien malsain dans le quartier que nous habitons?

— Vous êtes peut-être souffrant...

— Pas le moins du monde; mais en tout cas, je vais demander ma voiture pour aller au Bois.

Le résultat de ces fantaisies de locomotion, aujourd'hui permises à la majorité des arbres municipaux, est qu'au tournant d'une rue l'on se trouve nez à feuilles avec un platane en déplacement.

La forêt qui marche.

Le cheval que vous conduisez, s'il est moins philosophe que le sage dont parle Horace, s'en étonne et fait volte-face; s'il a opéré sa brusque manœuvre sur quelqu'une des bandes d'asphalte que multiplie sans relâche une administration prodigue, il s'abat. S'il a accompli sans accident personnel le bond en arrière que la terreur, cette mauvaise conseillère, lui a inspiré, il verse la voiture dans laquelle vous vous trouvez.

Dans l'un comme dans l'autre cas, votre sort est digne de commisération et mériterait des dommages et intérêts. — Mais à qui les demander? — L'arbre ne voyage pas pour son plaisir, et ceux qui ont ordonné sa mise en circulation l'ont prescrite dans un intérêt général.

Une situation non moins pénible est celle du particulier que l'accumulation des voitures retient derrière un camion chargé de traverses de fer. Jadis, on exigeait que chacune des pièces ainsi transportées fût entourée de façon à

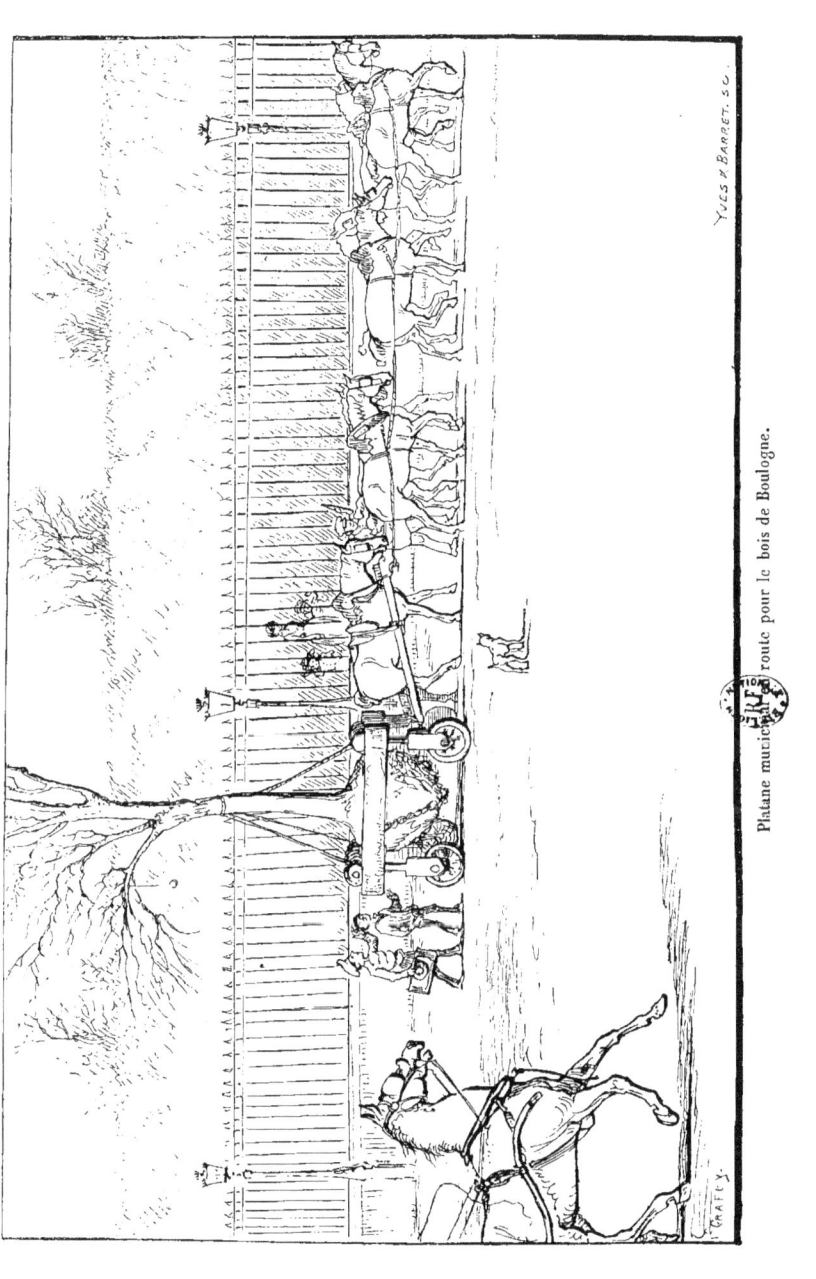

Platane municipale en route pour le bois de Boulogne.

adoucir le bruit; mais je ne sais pourquoi l'on a renoncé à cette prescription, peut-être vexatoire pour les entrepreneurs de transports, mais certainement protectrice pour les oreilles des passants. Outre que le malheureux ainsi confiné est personnellement assourdi, le cheval ou les chevaux qu'il conduit, absolument exaspérés par le tapage persistant qui leur assassine le tympan, ne tardent pas à s'animer de façon inquiétante, pointant sur place, à moins qu'ils ne cherchent à fuir le vacarme qui les énerve, en se précipitant dans le premier interstice qu'ils aperçoivent, au risque de laisser derrière eux la voiture qu'ils ont mission de traîner.

Cavalerie métallurgique.

Joignez à cela les cris des conducteurs des voitures qui suivent, les claquements de fouet, et vous aurez une idée juste de l'agrément ressenti par le promeneur bénévole que les hasards de la sortie ont placé dans ces conditions.

Les voitures à moellons et à pierres de taille, dont les allures lentes et le volume sont également cause de fréquents encombrements, ont au moins pour elles d'être relativement silencieuses, et si leur contact est dangereux, du moins leur voisinage ne l'est pas. — C'est déjà quelque chose, et, à moins qu'elles ne soient conduites par d'aimables entêtés qui s'obstinent à suivre le milieu des chaussées pour le seul plaisir d'arrêter la circulation, ou agitent perpétuellement des fouets dont les claquements équivalent à l'explosion de véritables pétards, il n'y aurait réellement pas trop à dire contre la tolérance en vertu de laquelle on permet leur passage à toute heure du jour à travers les Champs-Élysées, l'avenue du Bois, et autres lieux autrefois réservés aux gens désireux de jouir en paix des plaisirs de la promenade et des bienfaits de l'exercice de l'équitation.

Facéties démocratiques.

Le malheur est qu'elles sont le plus souvent conduites par des butors qui semblent considérer comme un plaisir divin le fait d'avoir effrayé un cheval de sang par un bruyant coup de fouet inutilement donné, ou forcé un équipage lancé aux allures vives à s'arrêter brusquement, en changeant tout à coup et sans raison la direction de leur encombrant attelage, taquineries qui, pour être d'un goût douteux, n'en sont pas moins exaspérantes, et peuvent en certains cas tourner au tragique, si elles s'adressent par exemple au cavalier d'un cheval difficile déjà excité, et n'attendant qu'une occasion de s'emporter.

Rien d'amusant, paraît-il, pour un charretier, comme de forcer un équipage lancé aux allures vives à s'arrêter brusquement

J'ai dans mes souvenirs personnels une anecdote déjà ancienne, mais authentique, et dont la divulgation peut être utile aux cavaliers qui se trouveraient dans la même situation.

Un très-jeune homme, un peu rageur, comme on l'est encore souvent au sortir du collége, assez bon cavalier d'ailleurs, s'était chargé d'habituer à la jupe le cheval d'un ami chez lequel il se trouvait en villégiature, et qui souhaitait que l'animal fût assez familiarisé avec cet appendice pour être monté par une des femmes de sa famille.

Notre jeune homme, accoutré d'une jupe, assis de côté sur une selle de femme, s'escrimait de son mieux, sur une route isolée, fréquentée par les charretiers d'une carrière en pleine exploitation. — Le cheval, d'un caractère habituellement placide, se tourmentait cependant quelque peu sous l'influence d'un harnachement nouveau pour lui et des différentes manœuvres que son cavalier, désireux de s'acquitter consciencieusement du mandat dont il s'était chargé, voulait lui faire exécuter. — Bref, l'animal était un peu en l'air. — Au moment où l'amazone improvisée et le cheval imparfaitement mis pour dame dépassaient une voiture de pierres, le charretier développa entre les quatre jambes de l'animal un formidable coup de fouet. — L'effet désiré ne se fit pas attendre, et le groupe complétement emballé partit dans la direction d'Argenteuil à un galop vertigineux, pour la plus grande jubilation du facétieux charretier.

Comment tirer vengeance d'une aussi stupide agression? Telle fut la première question que se posa notre mâle amazone aussitôt qu'il, ou elle, eut arrêté la course endiablée de sa monture.

La solution n'en était pas facile. — Charger le brutal? il n'y fallait pas songer. — Le terrible fouet se serait remis en mouvement, de façon à rendre l'approche impossible. Descendre de cheval? tactique aussi mauvaise qu'imprudente; au premier geste un peu vif, le cheval, tenu en main, se serait échappé, et notre homme se serait trouvé, tout enjuponné, aux prises avec un gaillard robuste dont les dispositions ne lui paraissaient nullement pacifiques.

— Amené par ces réflexions à renoncer, comme le jeune Rosemberg de *Barberine*, à l'emploi de la seule force, notre cavalier résolut de recourir à la ruse.

Comme il faisait déjà partie de la conférence Molé, à moins qu'il ne fût membre de la conférence Tocqueville, il pensa à utiliser les ressources de sa jeune éloquence, et dès qu'il fut arrivé à portée de la voix, il entama un petit discours où, sous une forme conciliatrice et bénévole, il chercha à faire toucher du doigt à son interlocuteur les résultats fâcheux que son maître coup de fouet aurait pu occasionner; il ajouta qu'il aurait pu être désarçonné et dans la chute se rompre les os; qu'un aussi triste accident n'était certainement pas ce qu'un collègue en travaux hippiques avait voulu chercher. Il dit qu'il était convaincu que ledit charretier avait agi non par malveillance, mais par légèreté. — Celui-ci ne répondait ni oui ni non, se contentant de ricaner tout en rangeant son attelage.

La tactique du jeune orateur avait réussi; il avait rejoint son fouailleur : « Voilà pour conclure », s'écria-t-il; et le cheval, entendant siffler au-dessus des oreilles la cravache qui venait de couper la figure du charretier, partit pour la seconde fois au même galop furibond.

Est-ce à dire qu'il faille couramment employer ce procédé? Non, pour deux raisons : la première est que le mode de correction peut paraître excessif à des âmes tendres, n'ayant jamais été victimes de semblables agressions; la seconde, que pour essayer de le mettre en pratique, il faut être sûr d'en réussir l'exécution.

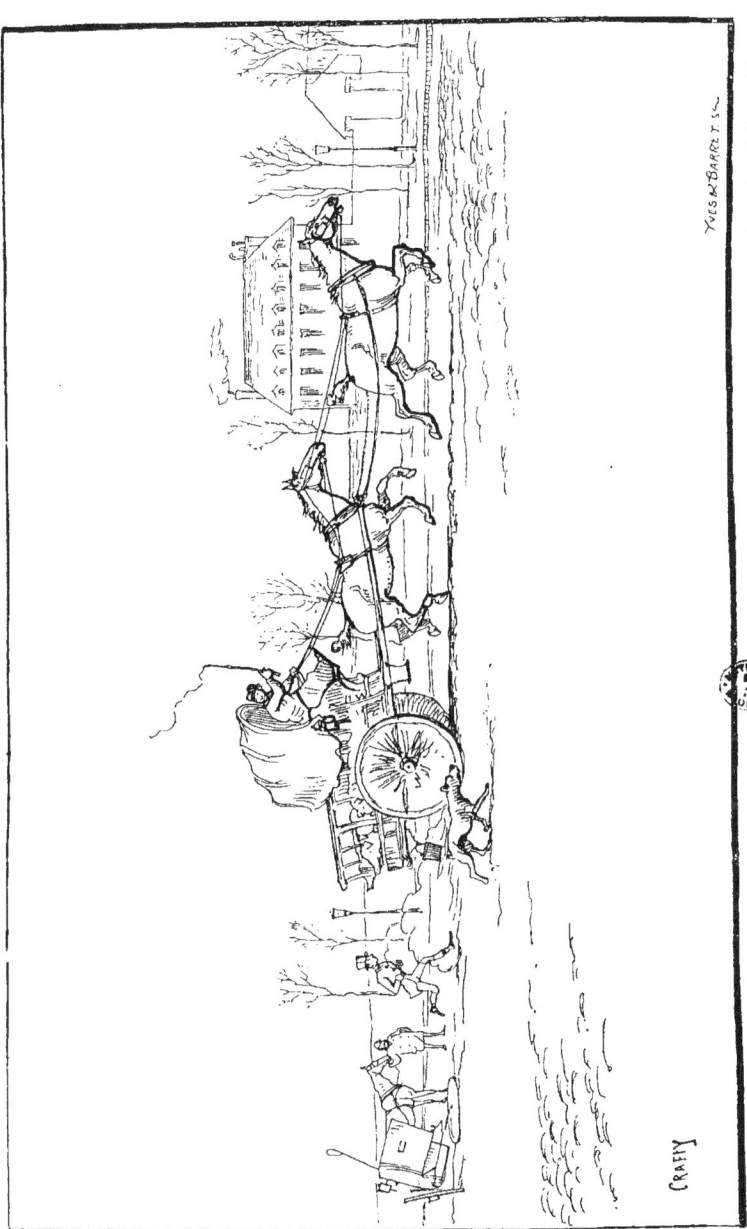

Axiome : Il n'existe pas de voitures dont le contact soit agréable, mais certaines doivent être évitées avec un soin exceptionnel, à raison de la gravité des ataxies qu'elles peuvent et doivent causer.

Mais revenons à nos moutons, c'est-à-dire aux dangers spéciaux de la circulation dans Paris.

MM. les camionneurs.

Toute une catégorie de conducteurs de voitures à éviter à l'égal de la peste est celle des camionneurs. Leurs voitures, chargées de véritables échafaudages de malles, de caisses de toutes dimensions dépassant plus ou moins les moyeux, froissent au passage le vernis d'autrui.

MM. les bouchers.

MM. les bouchers, dont la spécialité est de marcher un train d'enfer, ne sont pas moins redoutables; — profitant de la facilité avec laquelle pivotent les voitures à deux roues, ils tournent court en pleine allure, au risque de broyer les passants pris à l'improviste par leurs brusques changements de direction.

Viennent ensuite les laitiers, dont les voitures non moins pesantes évoluent avec une égale célérité; puis les maraîchers, qui marchent habituellement à des allures plus pacifiques, et par conséquent moins inquiétantes pour la sécurité publique.

MM. les laitiers.

On pourrait même considérer ces estimables cultivateurs comme complétement innoffensifs, s'ils n'avaient la funeste habitude de succomber au sommeil dans les carrefours les plus fréquentés, se fiant à l'instinct de leurs chevaux pour retourner à leur domicile.

MM. les maraîchers.

Il en résulte que ceux-ci, absolument libres, suivent imperturbablement le chemin le plus court, qui, comme chacun sait, est la ligne droite, et obligent tout le monde à leur faire place, sous peine d'accrocs et de bousculades que leur poids rend redoutables.

Fâcheuse situation qui démontre quelle imprudence commet une femme seule en conduisant elle-même.

Quoi qu'il en soit, et malgré son culte pour Morphée, le maraîcher reste moins malfaisant qu'utile, et l'on peut lui pardonner d'errer à l'état de somnambule au milieu des équipages parisiens, à raison de la lenteur de sa démarche. — Une autre raison, qui mérite au maraîcher l'indulgence des gens de chevaux, c'est qu'il n'est sportsman que par nécessité, non par goût, et qu'il renoncerait volontiers à ses promenades en voiture, si on lui fournissait un autre moyen de transporter ses légumes à la halle.

Le retour au bercail.

Si ces cochers par nécessité ont droit à toutes les indulgences, il en est qui, par contre, sont indignes d'obtenir aucune circonstance atténuante.

Je veux parler de ceux qui, ne sachant absolument pas ce qu'est un cheval, ignorant d'une façon complète la topographie de Paris, choisissent spontanément entre mille la profession de cocher, et s'installent insolemment sur le siége d'un fiacre, sans paraître comprendre qu'ils assument charge d'âme, et que leur maladresse peut causer la mort du premier passant qui aura l'inconsciente audace de monter dans leur voiture.

S'il réfléchissait à quels dangers il s'expose, en se confiant ainsi aux mains du premier maladroit venu, aucun Parisien ne serait assez follement téméraire pour oser monter en fiacre. Quel homme de sang-froid et de sens rassis oserait en effet soutenir qu'en agissant de la sorte il fait acte de raison? — Il sait que le métier de cocher est un art difficile, qui demande à la fois de la présence d'esprit, de la décision, du sang-froid et de la prudence, toutes qualités de premier ordre qu'il serait heureux de rencontrer chez un prétendu, s'il avait à faire choix d'un gendre, ou chez un chargé d'affaires, s'il était dans la nécessité de se décharger sur autrui d'une part de responsabilité.

Il n'a sur l'homme derrière lequel il va s'enfermer dans une boîte hermétiquement close aucun renseignement d'aucune espèce; et cependant il lui confie sans hésitation le plus précieux des biens qu'il possède, sa propre existence. — Il s'agirait de lui donner en dépôt le porte-monnaie le plus mal garni, — il n'aurait pas un moment de doute, — il refuserait catégoriquement de le lui confier; — mais il s'agit de sa sécurité personnelle, de celle de sa femme, de ses enfants; il les fait monter devant lui, et s'installe à leurs côtés dans une parfaite quiétude. Il suffit que le cocher qu'il a choisi ait le goût de passer trop près des timons des omnibus, pour que sa femme (et il l'a épousée par amour) soit défigurée par les éclats d'une vitre; il n'y pense même pas! Un faux pas du cheval, qu'il n'a même pas regardé en montant, peut être cause que le brancard de la voiture qui suit la sienne lui cassera l'épine dorsale. Il ne croit pas que la chose soit possible! bien plus, pour peu que la course se prolonge, et que les ressorts de la voiture soient à peu près doux, il s'endormira. — Est-ce là, je vous le demande, la conduite d'un homme sage, prudent, réfléchi, ou celle d'un fou?

Il est un cas où l'insouciance du preneur de fiacres dépasse les bornes permises et touche à la démence coupable : c'est quand, ayant le choix entre une voiture d'une des grandes compagnies et celle d'un maraudeur, il prend la dernière, renonçant ainsi de gaieté de cœur à tout recours judiciaire efficace en cas d'accident.

Une station de fiacres (quai Voltaire).

C'est une triste consolation, mais c'en est une lorsqu'on a eu une jambe ou deux broyées, par la faute d'un cocher imbécile, de penser que les membres ainsi avariés seront estimés à leur juste valeur; encore faut-il, pour qu'une pareille pensée soit réellement bienfaisante et consolatrice,

Spécimen d'accident moyen.

avoir la certitude que l'indemnité fixée sera réellement déboursée par les gens déclarés responsables, — et comment espérer être convenablement indemnisé de désagréments aussi sérieux, si toute la fortune de celui qui les a causés consiste en un étique et unique cheval, et une voiture désarticulée par un usage séculaire? — Si au contraire vous avez eu la chance d'être estropié par un agent d'une société millionnaire, comme la Compagnie générale par exemple, quelle inquiétude pouvez-vous avoir?

Axiome. — « Étant donné que toute course faite dans Paris constitue un
« danger capital, ne jamais monter dans une voiture dont le propriétaire ne
« paraît pas être en mesure de solder la valeur totale du dépôt qui lui est
« confié. »

La façon pleine de laisser-aller avec laquelle la plupart des cochers se comportent dans Paris, a donné à bon nombre de gentlemen qui conduisent eux-mêmes, l'idée de mettre à l'étude un art nouveau, fondé sur le principe de la légitime défense, et dont un de nos amis a bien voulu indiquer dans les notes suivantes les données fondamentales :

L'art d'accrocher.

1. — Bien accrocher s'apprend à tout âge, mais plus spécialement en commençant à mener un peu tard. Il y a des aptitudes naturelles, telles que la distraction, la myopie, qu'on peut augmenter par des moyens artificiels, — la lecture, qui double la distraction, et le port de certains appareils d'optique, tels que monocles, lunettes et pince-nez, qui placent les gens qui en font usage dans un état voisin de la cécité.

II. — En dog-cart, avoir assez de coup d'œil pour mesurer la force de résistance de la voiture qu'on doit accrocher, par conséquent ne s'en prendre qu'aux voitures à deux roues; un peu avant le choc, se soulever du siége délicatement, afin d'éviter toute commotion; après le choc, filer vivement sans se retourner, laissant au groom le soin d'apostropher le maladroit que vous avez accroché.

III. — Dans le cas où, étant en phaéton, vous accrochez un fiacre et lui faites de grosses avaries, descendre vivement, passer les rênes au valet de pied et vous précipiter à la tête du cheval de fiacre en appelant à grands cris un agent. Celui-ci arrive au bout d'un bon quart d'heure, vous mettez tous les torts sur le dos de l'automédon, et de plus vous réclamez de la Compagnie des dommages-intérêts pour interruption momentanée de votre promenade; il est rare que l'autorité ne fasse pas droit à une aussi juste réclamation.

IV. — Au retour des courses, quand on marche sur cinq ou six files de voitures, un bon accrocheur a tout le loisir de déployer ses talents. Tantôt il effleure le moyeu des roues, enlevant la couleur et le rechampis; tantôt il emboîte complétement sa roue de derrière entre les deux roues d'un landau; dans cette circonstance, loin de se troubler, comme tout le monde va dans le

même sens, il continue sa route avec insouciance, n'ayant qu'une préoccupation : celle de régler son allure sur celle de la voiture qu'il emboîte. Ce mode d'accrocher présente plusieurs avantages : d'abord rien ne vous est plus facile que de lier conversation avec les gens qui vous emboîtent, à plus forte raison si vous avez affaire à quelque jolie femme; ensuite vous fatiguez moins votre cheval, puisque ceux de la voiture voisine font la moitié de la besogne. Pour vous dégager, prier simplement le cocher d'obliquer légèrement à droite ou à gauche.

V. — Si vous voyez arriver sur vous une voiture lancée à fond de train, sans pouvoir l'éviter, pousser vigoureusement en avant; celle des deux voitures allant le plus vite sera certaine d'être la moins éprouvée dans la collision.

Spécimen d'un accident de première classe.

VI. — Si la curiosité chez vous est assez développée pour vous faire endommager votre voiture, n'hésitez pas à vous ruer vigoureusement de façon à casser une roue sur le fiacre dont les stores sont baissés. Il est rare que vous n'en soyez pas récompensé par un spectacle sinon imprévu, du moins quelque peu piquant.

VII. — Si un camion, un tramway ou autre grosse machine de guerre fait mine de vouloir vous accrocher, gardez-vous bien de vous laisser attaquer, mais filez vivement le long de la voiture, et une fois à la hauteur des chevaux, appuyez légèrement de leur côté; le moyeu de votre roue effleurera leurs jambes, et le cocher du tramway, pour éviter un accident plus grave, jettera ses chevaux de côté, ce qui fera dérailler ledit tramway. Inutile de vous recommander le plus grand sérieux, etc., etc., etc.

On voit par ces courts extraits d'un ouvrage très-étendu et très-sérieux (auquel travaille assidûment Kwick, mon excellent collaborateur à la *Vie parisienne*), qu'il s'agit d'une véritable révolution, grâce à laquelle on utiliserait la vitesse des animaux de sang pour se soustraire au despotisme des voituriers de gros poids et de proportions encombrantes. — Y parviendra-t-on ? Il est permis d'en douter.

En attendant que cet heureux résultat soit obtenu, et rien ne fait prévoir qu'on l'obtienne jamais, bon nombre de gens ont définitivement renoncé non-seulement au plaisir de conduire eux-mêmes, mais encore au luxe d'avoir des voitures et des chevaux leur appartenant en propre.

Las de voir leurs chevaux abîmés par la maladresse d'autrui, écœurés par l'obligation d'envoyer constamment chez le carrossier leurs voitures éraflées, détériorées, brisées par la brutalité de leurs contemporains, ils

ont pris le seul parti qu'il y ait à prendre pour se soustraire à ces ennuis multipliés. — Ils se sont adressés à un tiers qui endosse la responsabilité des accidents, et s'engage moyennant une indemnité déterminée à les transporter jour et nuit sans qu'ils aient à se préoccuper de savoir si le cocher est disposé à sortir, si les chevaux sont reposés et si des réparations urgentes à la voiture permettent ou non d'atteler.

Ils ont un fiacre attitré constamment à leur disposition, qui les conduit où bon leur semble, aussi vivement que pourrait le faire une voiture à eux, et cela sans aucun des ennuis que causent l'administration d'une écurie et la direction de son personnel. — Ces sages sont ce qu'on appelle des abonnés à l'ordinaire. — L'ordinaire appartient à un loueur quelconque, plus habituellement à la Compagnie générale. — Il est attelé le plus souvent de deux chevaux de taille moyenne, ni beaux ni laids, mais durs à la fatigue, qui

Ce qui était un retour de courses avant la multiplication des moyens de transport démocratiques.

Ce qu'est aujourd'hui un retour de courses, triomphe de la Compagnie générale!

marchent du matin au soir sans interruption, et sont relayés sans que l'abonné à la traction duquel ils sont destinés ait besoin de le demander. —

Le seul inconvénient de cette mode, qui tend malheureusement à se généraliser, est d'enlever au spectacle fourni gratuitement au flâneur par nos promenades publiques la variété qu'elles présentaient autrefois.

...peut être indéfiniment prolongé.

Quelque agréable que soit à regarder un modèle de voiture, la vue en devient forcément monotone s'il est indéfiniment reproduit, — et c'est ce qui résulte de la multiplication toujours croissante des ordinaires : — c'est propre, correct, suffisamment attelé, mais c'est par trop uniforme.

Pour se rendre compte de l'envahissement accompli par ce véhicule aussi pratique que peu élégant, il suffit de comparer ce qu'était, il y a une douzaine d'années, le passage des équipages se rendant à l'une des grandes courses de Longchamps, et ce qu'il est aujourd'hui.

Du dog-cart à la grande daumont à quatre chevaux, tous les spécimens de carrosserie y étaient représentés par les échantillons les plus pittoresquement variés; aujourd'hui, le même défilé a l'aspect d'une interminable station de fiacres inopinément mise en mouvement, — à cette différence près, qu'il manque à un certain nombre de lanternes le numéro obligatoire et matriculaire.

Le niveau démocratique fait son œuvre, et le jour n'est peut-être pas très-éloigné où le suprême du genre consistera pour nos élégantes à se rendre à Longchamps sur l'impériale d'un tramway.

CHAPITRE III. — Aux Champs-Élysées.

Le public du matin. — Balayeurs et retardataires. — Coupés de nuit. — Marchands et dresseurs. — Réflexions sur le costume. — MM. les arroseurs municipaux. — Cochers d'omnibus. — De l'utilité des pharmaciens dans les quartiers à marchands de chevaux. — Professeurs de guides. — Les Champs-Élysées le soir. — Croquis d'été.

Aux premières lueurs du jour, alors que le soleil levant frappe l'Arc de triomphe et rejette sur l'avenue de la Grande-Armée l'ombre portée par le gigantesque monument, la longue chaussée s'embrasse d'un coup d'œil, et les quelques points noirs qui s'agitent sur la nappe jaune bistre du macadam ne méritent guère une description particulière. Ce sont les balayeurs, types connus de tous les Parisiens assez Parisiens pour s'être laissé surprendre par l'aurore, ou assez bien portants pour l'avoir quelquefois devancée.

Les autres humains qui sillonnent les trottoirs ou débouchent des portes cochères ont le chapeau trop rabattu sur les yeux, le col du pardessus trop rigoureusement levé, pour qu'il n'y ait pas indiscrétion à chercher à voir quels visages se cachent sous ces obstacles amoncelés ; ce n'est pas nous qui chercherons à savoir quels ont été les hôtes ou plutôt les hôtesses de ces discrets attardés.

— Porte, S. V. P. ! Un coupé noir, un cocher couleur de muraille, un grand cheval bai, qui conserve de beaux restes, mais dont les jambes, quelque peu attaquées, attestent les longs et pénibles services, viennent de s'engouffrer sous la voûte de l'hôtel de ***. Le travail a été dur cette nuit au petit club, car il n'est pas dans les habitudes de Z... de s'attarder à ce point quand la partie n'atteint pas des proportions exceptionnelles.

La chance lui a été favorable, car j'ai constaté, à son passage, qu'il dormait avec le calme de l'innocence, qui ne peut être égalé que par la tranquillité du ponte satisfait.

Voici qui est plus grave, et le gros X... me fait l'effet d'avoir soupé outre mesure, car il paraît avoir plus chaud que ne le comporte l'heure matinale. Il est assis sur les coussins d'un maraudeur, et son chapeau siége à côté de lui, ce qui dénote une certaine pesanteur à la tête. C'est en outre un indice certain qu'on a festoyé longuement au *Café Anglais*, et il y a gros à parier que son cob restera à l'écurie ce matin.

Si j'avais un conseil à vous donner, cher monsieur, je vous ferais observer qu'avec l'embonpoint dont vous jouissez, vous jouez un jeu dangereux,

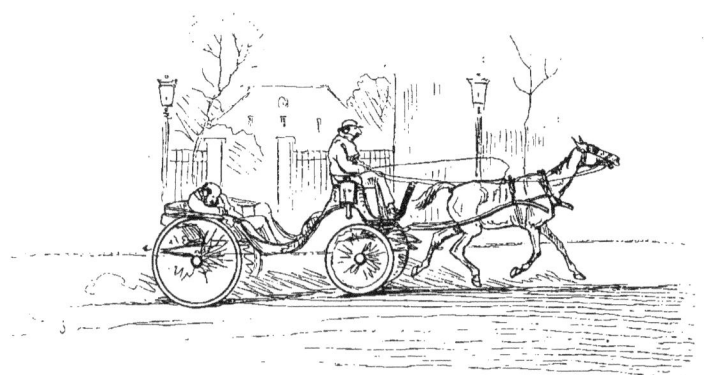

et que les explosions se produisent la plupart du temps au moment le plus imprévu. Mais après tout, c'est votre affaire, et je craindrais en insistant.....

Oh! oh! Hopp!!! — Ce sont les marchands qui exécutent leur entrée en scène. — La journée d'hier est bien finie; plus l'ombre d'un retardataire, et le vrai personnel du matin commence ses exercices.

Les portes cochères sont grandes ouvertes, et de chacune d'elles sort une voiture ou un cavalier, escortés d'hommes à pied prêts à intervenir si les élèves se montraient par trop récalcitrants.

O futurs acheteurs! si vous tenez à connaître le vrai caractère des animaux auxquels vous confierez, dans l'avenir, le soin de transporter votre précieuse personne; si vous voulez savoir de quels écarts, de quelles ruades, de

quelles reculades, de quels bonds sont capables ces estimables quadrupèdes que l'âge et l'éducation rendront rapidement inoffensifs, prenez sur vous de vous lever, ne fût-ce qu'un jour, de grand matin : chassez du même coup le respect humain qui pourrait vous empêcher de vous asseoir sur un des bancs de la partie haute des Champs-Élysées; restez pendant une heure sur ce siége démocratique, et regardez le spectacle varié qui va se dérouler sous vos yeux.

Voici déjà un rassemblement formé autour d'un squelette arrêté au beau milieu de l'avenue. Le cheval qu'on dresse a, de prime abord, enfourché le timon : il faut dételer. Son camarade, vieux routier qui en a vu bien d'autres, et qui est là à titre de maître d'école, est aussi paisible que si rien ne s'était passé; quant au coupable, il est aussi étonné qu'inquiet de sa situation. Le morceau de bois qui lui passe entre les deux cuisses lui paraît un support anormal, et il a l'air d'avoir grande envie de s'en aller : bonne leçon pour qui

Les Champs-Élysées le matin. — Exclusivement réservés aux exercices de MM. les marchands.

sait comprendre! De même qu'il est imprudent, pour la raison que l'on sait, de cracher en l'air, de même il est bon de savoir où l'on rue.

Doubles paires de rênes, plate-longe, martingales, genouillères, palefreniers trottant à l'épaule du cheval, tout ici dénote un animal d'un caractère peu commode, et toutes les précautions sont prises en vue d'une lutte sérieuse.

— Ce qui m'étonne toujours en pareil cas, c'est que les dresseurs ne soient pas capitonnés. On met bien des plastrons quand on fait des armes ou de la canne; pourquoi ne chercherait-on pas des préservatifs aux horions qui résultent d'une chute de voiture?

Voyez plutôt! Voilà deux hommes qu'on ramasse : le tilbury est sur le côté, et le cheval sur le flanc. A en juger par la vitesse dont la roue qui est en l'air continue de tourner, la chute a dû être plus que sévère, car elle a eu lieu à une rude allure. Quand on est exposé à de pareilles culbutes, je ne vois pas ce qu'il y aurait d'humiliant à se matelasser quelque peu; on économiserait quelques côtes et quelques clavicules bien inutilement sacrifiées.

Le système protecteur que je me permets de recommander aux dresseurs de chevaux attelés ne saurait être employé par les écuyers, qui ont besoin de toute leur souplesse pour résister aux défenses de leur monture.

Ceux-ci ont le costume qui convient à leur travail, sauf la coiffure qui ne garantit pas suffisamment la tête en cas de chute : le pantalon, serré dans la guêtre ou entré dans la botte, laisse à la jambe la liberté et la précision de mouvement dont elle a besoin, et le veston que portent la plupart d'entre eux est également bien approprié à la gymnastique qu'ils doivent faire.

L'absence de basques est une excellente condition, et tous les cavaliers savent combien peut être gênante l'introduction entre la selle et la cuisse d'un vêtement flottant qui forme des plis et gêne souvent des mouvements nécessaires.

La coupe d'un vêtement destiné à un cavalier n'admet pas d'ailleurs de demi-mesure : il doit être ou très-court ou très-long, et il n'y a pas à chercher de juste milieu entre le veston contemporain et l'antique redingote de nos pères, dont les pans couvraient les flancs du cheval.

Disons en passant que c'est dans l'intérêt de la conservation des doublures des susdits pans que l'usage du tapis, dépassant la selle, s'est intro-

Les Champs-Élysées le matin. — Jury spécial et volontaire siégeant tous les matins sur le même banc, et jugeant sans appel tous les chevaux qui défilent devant lui.

duit chez nous : bon nombre de cavaliers ont conservé le tapis et supprimé la redingote, et présentent ainsi l'aspect d'un contemporain monté sur un cheval qui n'aurait pas été dessellé depuis 1830.

Aphorisme. — Quand un cheval monté par un amateur fait une faute, le châtiment arrive toujours en retard : toute correction doit être infligée *pendant* que le délit se commet. Un coup de cravache tardif perd toute utilité et doit être supprimé. Un vrai cavalier doit l'avoir appliqué pendant que sa monture est encore en l'air. (Voir la figure ci-contre, et suivre l'exemple donné par l'homme d'écurie y représenté.)

Les balayeurs ont terminé leurs opérations, les arroseurs leur succèdent : au lieu des demi-cercles décrits par les seigneurs du balai jusque dans les

jambes de votre cheval, vous avez les arcs-en-ciel portatifs que dirigent sous ou même sur son nez les subordonnés de M. Floquet.

Certains animaux prennent assez philosophiquement cette facétie administrative; d'autres au contraire se cabrent, s'emportent ou se jettent de côté avec une instantanéité que peuvent seuls apprécier ceux qui en ont été victimes. — Si vous avez à la main une cravache un peu plombée, n'hésitez pas à vous en servir, une bonne tape ayant toujours fait plus d'impression sur une nature peu cultivée que l'observation la plus mesurée et la mieux fondée.

L'apparition des tuyaux irrigateurs est bientôt suivie de celle des omnibus, qui marque huit heures du matin.

Les automédons de ces mastodontes, qui sur ce point et par faveur spéciale sont attelés de cinq chevaux, prennent à cœur de troubler à coups de fouet le silence matinal, et choisissent à l'ordinaire le moment où un cheval un peu chaud donne les premiers symptômes d'une vive frayeur, pour exécuter les claquements les plus brillants.

Je voudrais, si j'étais quelque chose dans l'État, que toute manifestation de ce genre donnât lieu à une poursuite pour tentative préméditée d'homicide. — Il n'est pas douteux que ces virtuoses du fouet n'ont d'autre mobile, en agissant de la sorte, que le désir de voir un de leurs frères — tous les hommes sont-ils frères ou ne le sont-ils pas? — mais un de leurs frères plus fortunés, un frère suspect de s'être engraissé de cette horrible substance qu'on appelle la sueur du peuple, piquer une tête sur le macadam. — Que ce geste obtenu pour leur plus grande satisfaction ait des résultats funestes, ils s'en soucient peu, et, comme ils sont sûrs de l'impunité, ils ne négligent aucune occasion d'amener un accident qui rompt, aux frais d'autrui, la monotonie de leur existence.

C'est également à cette heure matinale qu'ont lieu les promenades d'essai que le marchand fait faire au client sur le cheval que celui-ci a eu l'imprudence de remarquer la veille.

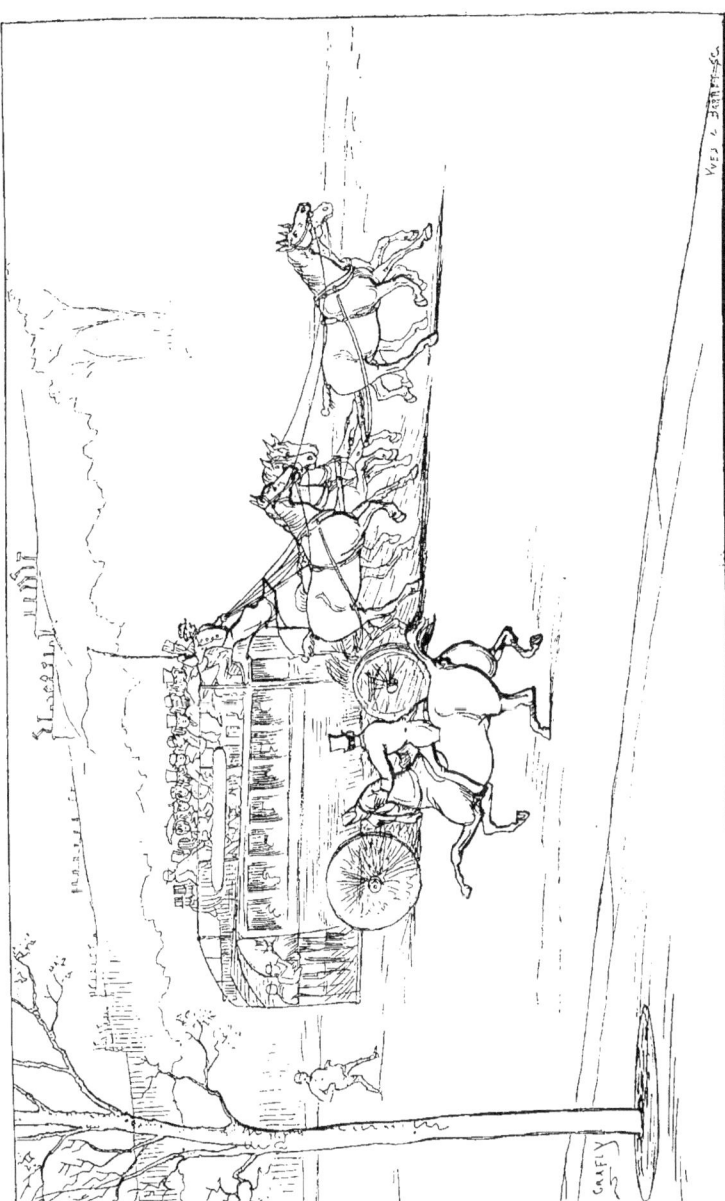

Aux Champs-Élysées. — Sur ce point spécial, et sans doute dans la crainte que les omnibus grand modèle ne soient pas suffisamment encombrants, l'administration, « ne reculant devant aucun sacrifice », consacre exceptionnellement cinq chevaux à leur traction.

Voici de quelle façon elle s'opère généralement. — L'amateur part accompagné du piqueur de l'établissement vendeur.

Au pas d'abord — tout va bien. Le futur acquéreur ne demande rien à sa monture, qui suit tranquillement son camarade d'écurie.

Du pas, on passe au trot, et l'ordre continue à régner ; mais, comme tout acheteur désire que son acquisition possède les trois allures, il embarque au galop l'animal qu'il essaye. C'est alors que souvent tout se gâte.

Le cheval part un peu vivement, le cavalier se cramponne, et l'emballage commence.

Dix minutes après, le piqueur rentre au bercail, ramenant les deux chevaux : si on lui demande ce qu'est devenu son client : « Il est chez le pharmacien », répond-il avec une tranquillité qui montre quelle habitude il a de pareille aventure, et combien est justifié le nombre des pharmacies accumulées aux

différents coins des nombreuses rues perpendiculaires à l'avenue des Champs-
Élysées.

Les heures matinales sont les heures propices aux premières tentatives des gens désireux d'approfondir l'art difficile de conduire à quatre : on a plus d'espace devant soi et moins de public en cas d'insuccès.

La meilleure préparation pour bien mener quatre chevaux est d'apprendre à en bien conduire deux, de même que, pour bien mener deux chevaux, le meilleur apprentissage consiste à savoir en faire valoir un, en vertu de cet axiome que celui qui peut le moins arrive à pouvoir le plus, et que, en fait de conduite, il n'y a que le premier cheval qui coûte.

Admettons que les deux premiers échelons de cette marche ascendante aient été franchis, et que le néophyte en matière de conduite à quatre connaisse toutes les finesses de l'art de mener à deux : la seule difficulté nouvelle pour lui, l'inconnu, sera la mobilité extrême des deux chevaux de volée, excessivement sensibles au moindre appel des rênes.

On comprend aisément, en effet, que deux chevaux pour ainsi dire libres soient plus disposés à s'écarter de la ligne droite que les deux chevaux maintenus par un timon rigide, ou encadrés dans le brancard. C'est la première et la principale difficulté.

Une leçon de guides.

Il en est bien une autre qui rentre dans la catégorie de celles signalées par Cham dans cette courte légende, à propos des *steeple-chases :* Prix d'entrée : 20 francs, premier obstacle ! — et qui consiste à se procurer l'attelage pour s'exercer.

Mais qu'importe !

Si tout le monde ne peut se procurer en propre propriété le *four in hand* nécessaire, on a des amis, et à défaut d'amis, les établissements publics institués à l'effet de transporter aux courses les amateurs de sport, ont à leur disposition le matériel indispensable.

Les quatre animaux réunis sous prétexte d'attelage n'ont le plus souvent rien de commun comme modèle, comme moyens, comme action, mais enfin ce sont quatre chevaux ; ils sont mis aux places qu'un véritable attelage occuperait, et les rênes qui servent à les conduire sont distribuées de la même façon qu'elles le seraient pour le quadrige le plus correct et le plus luxueux.

Leçon de guides. — Préparatifs.

L'homme n'ayant reçu à sa naissance, de la libéralité du Créateur, que deux mains, et tout cocher devant en réserver une pour le maniement du fouet et les manœuvres imprévues, il en résulte pour lui, dans le cas dont il s'agit, l'obligation de réunir les quatre rênes dans la main gauche.

Comme il importe qu'il n'y ait pas de confusion possible entre celles des chevaux de volée et celles des chevaux attelés, le meilleur procédé de groupement consiste, à mon avis, à tenir les premières avec les deux doigts, le pouce rabattu sur la rêne de droite, tandis que le poing fermé tient à un point fixe les rênes des chevaux du timon.

Ces derniers, en effet, doivent être constamment maintenus, tandis que

QUELQUES ATTELAGES A QUATRE.

les premiers sont appelés à donner à l'ensemble de l'attelage la direction et le train.

Il en résulte que c'est à eux que s'adressent tout d'abord toutes les indications du cocher, tandis que les chevaux du second ne font que reproduire leurs évolutions.

Leçon de guides. — Un tournant.

C'est dans cette succession de mouvements que gît toute la difficulté, difficulté nulle pour tous ceux qui ont quelque habitude du tandem, sorte d'attelage pour la direction duquel toutes les qualités nécessaires pour conduire à quatre demandent à être doublées.

La direction du cheval attelé en flèche est d'autant plus difficile à maintenir, qu'il est plus isolé.

Aussi loin du conducteur que dans l'attelage à quatre, il n'a pas l'appui que chacun des chevaux de volée trouve dans son compagnon.

En outre, le cheval attelé au brancard d'une voiture à deux roues n'a pas l'aplomb, la résistance de la paire de chevaux traînant un véhicule du poids d'un mail ou simplement d'un grand break, dont la marche est d'ailleurs forcément beaucoup plus lente.

Leçon de guides. — En tandem.

Ici se place la contre-partie de l'axiome posé plus haut, et bien souvent tel cocher qui peut le plus, c'est-à-dire qui conduit honorablement quatre chevaux, serait fort embarrassé si on lui demandait le moins, qui est de conduire deux chevaux attelés en tandem.

Four in hand conduit à l'anglaise.

En Angleterre, dans tout attelage à double conduite, *four in hand* ou tandem, il est de règle que les chevaux de tête soient maintenus au galop pendant que les seconds trottent : c'est à la fois un raffinement de difficulté et d'élégance, un plaisir de plus pour le spectateur. Ici, on se contente de maintenir tout l'attelage à la même allure. A cette modification d'une manière de conduire empruntée à nos voisins, la raison est facile à trouver. Chez eux, le dernier des charretiers fera place à un équipage; ici, sur n'importe quelle route, vous serez obligé d'attendre le bon plaisir de chaque roulier, et comme il est plus facile de faire passer un cheval du trot que du galop au pas, il a fallu renoncer au galop; — c'est d'ailleurs beaucoup que nos frères du peuple nous permettent encore les allures rapides.

A ceci quelle raison?

Elle est très-simple : peu de boxeurs dans nos classes dites dirigeantes, tandis que chez nos voisins... quels admirables coups de poing!

Coup de poing anglais.

De midi à deux heures, la chaussée des Champs-Élysées est absolument déserte, — chacun est allé réparer par un repas abondant les forces dépensées dans la matinée.

Les dresseurs ont terminé leur travail, et les promeneurs du matin se sont rendus à leurs affaires.

La grande avenue appartient exclusivement aux arroseurs, qui profitent de leur solitude pour ne pas arroser et causer entre eux des événements du jour, assis sur la bordure des trottoirs, pendant que tous les chiens du quartier prennent leurs ébats sur la chaussée, que quelques rares omnibus, continuant imperturbablement leur route invariable, sont maintenant seuls à parcourir.

Les Champs-Élysées de midi à deux heures.

deux heures, la circulation se rétablit, le mouvement reprend peu à peu, mais tout différent de ce qu'il était avant midi ; — les fiacres constituent la majorité, et sont occupés par les habitants du quartier qui vont faire leurs courses utiles, visites, emplettes, etc. — Le courant général se dirige vers le centre de Paris.

De temps à autre, on entend le galop précipité d'un cheval : c'est un garde municipal qui porte en toute hâte un pli ministériel, revêtu de tous ses

L'entrée des Champs-Elysées, le quatre à cinq heures du soir.

cachets : *P. O. Urgent.* — *Confidentielle.* — *Cabinet du ministre.* — Le brave cavalier a l'air important qui convient au porteur d'une nouvelle officielle, au messager chargé de faire parvenir d'urgence à qui de droit un secret d'État. — Il marche aussi vite qu'il peut, contourne vivement les voitures et crie gare avec l'accent d'autorité qui convient à un homme qui ne doit à aucun prix se laisser attarder.

S'il pouvait lire ces plis si noblement cachetés, il saurait que neuf fois sur dix ils émanent d'un des nombreux sous-secrétaires du secrétaire intime, et qu'ils sont libellés de la façon suivante :

« Ma petite vieille,

« Katincka dîne avec moi ce soir, et veut que tu sois de la fête. — Disperse la famille, fais signe à miss Kismiwick, et à son défaut à quelque autre, et sois très-exactement à sept heures et demie chez Ledoyen.

« Je te serre toutes les mains, y compris celles que je te souhaite au baccarat.

« Anatole. »

A partir de quatre heures, le courant change complétement de direction, et les voitures de toutes sortes débouchant sur la place de la Concorde remontent rapidement vers l'Arc de triomphe pour gagner le Bois, où nous les retrouverons, et pourrons les étudier par le menu, chose impossible à faire dans ce mouvement torrentiel qui les porte toutes vers le même point, dans un fourmillement incessant qui empêche l'observateur le plus attentif de saisir aucun détail.

L'exemple grammatical invoqué par le digne Lhomond pour montrer que le substantif employé pour désigner une collection d'objets ou d'individus gouverne indifféremment le singulier ou le pluriel, peut seul donner une idée du spectacle tumultueux, de la course furibonde à laquelle on assiste; c'est le *turba ruit* ou *ruunt* des anciens.

Sortent pour montrer leurs chevaux, leur voiture, leur livrée et leurs toilettes. (Ostentation ordinaire.)

C'est l'heure du public qui veut absolument être vu et se croirait perdu de réputation s'il avait manqué à l'exhibition quotidienne qui s'effectue autour du Lac. Pour les uns, ce besoin de se faire admirer n'est qu'une simple satisfaction d'amour-propre, mais pour les autres, et c'est peut-être le plus grand nombre, cette promenade circulaire fait partie de tout un système d'économie politique et privée en vertu duquel chacun de leurs pas, chacune de leurs démarches est une réclame en actions.

Ce n'est pas le plaisir d'avoir des chevaux, de les conduire ou de les monter, qui fait que ceux là-supportent les frais d'une écurie; c'est afin que tout Paris sache qu'ils ont tel ou tel nombre de chevaux, tant de voitures et tant de cochers.

Sort pour conserver et augmenter, si possible, sa clientèle. (Ostentation commerciale.)

Je sais bon nombre de gens qui parlent à tout propos des faits et gestes de leur second cocher, apparemment pour que nul n'ignore qu'outre celui qu'on leur voit habituellement, ils en appointent un premier qui n'apparaît que dans les grandes circonstances.

Tous ces promeneurs par devoir, par profession, font partie de la grande confrérie de la poudre aux yeux, dont chaque membre cherche plus ou moins, et dans un but quelconque, à aveugler son voisin.

Celui-ci désire qu'on oublie en vertu de quel miracle de génération spontanée sa fortune s'est élevée; celui-là cherche, à force de harnais étincelants, de livrées voyantes, de rechampis éclatants, à graver dans la mémoire de la foule un nom d'une consonnance tellement fréquente qu'elle lui constitue une roture spéciale dans la roture la plus roturière; un troisième, qui veut se faufiler dans un monde auquel il n'appartient par quoi que ce soit, se fie à beauté d'un attelage nouveau pour faire accepter le nom aristocratique qu'il a substitué sous sa seule responsabilité à son nom patronymique, qui a tout à coup cessé de lui plaire; tel autre cherche simplement à donner le change sur l'état de ses finances et à maintenir un crédit expirant. Il sait qu'on ne prête qu'aux riches, et dépense pour pouvoir emprunter. — Dans cette catégorie de prodigues par nécessité, le nombre des subdivisions est considérable et appartient aux deux sexes.

Sort pour entretenir et raviver un crédit expirant. (Ostentation nécessaire et obligatoire.)

Tous ces promeneurs, par goût, par habitude ou par calcul, redescendent l'avenue en même temps. C'est alors une dégringolade générale qui dure en moyenne une demi-heure, — après quoi la solitude redevient aussi absolue qu'elle l'était à midi : c'est le moment du deuxième repas.

Le soir, les Champs-Élysées sont, selon la saison, l'endroit le plus désert ou le plus peuplé de la capitale.

Pendant les soirées d'hiver, le piéton obligé de les parcourir pour regagner son domicile ne montre que de la sagesse en attendant le passage de deux sergents de ville en tournée, auxquels il emboîte le pas, de façon à ne point se trouver seul en cas de fâcheuse rencontre.

L'été, au contraire, la difficulté pour le promeneur consiste à trouver un point du sol inoccupé où il puisse mettre le pied. — Tous les malheureux que

LES CHAMPS-ÉLYSÉES UN SOIR D'ÉTÉ.

Délégation du quartier latin. — Étudiants en rupture de préparation d'examens.

Délégation du faubourg Saint-Germain. — Vont le plus doucement possible, parce qu'ils savent que le testament de leur maîtresse est déjà fait, et attendent un abaissement subit de la température.

le devoir oblige au séjour de Paris dans la saison torride, s'y précipitent à la recherche d'un peu de fraicheur, aussitôt leur journée de labeur terminée. Ils y trouvent une foule compacte, une poussière aveuglante et une quantité de becs de gaz dont la combustion augmente la température de plusieurs degrés; mais comme ils sont venus avec l'intention formelle de prendre le frais, ils se figurent qu'ils le trouvent, et reviennent le lendemain malgré les souffrances endurées la veille.

Une contre-allée des Champs-Élysées le soir.

Les moins fortunés ne dépassent pas le rond-point, s'installent sur les chaises de fer chauffées à blanc par le soleil de la journée, et s'y assoupissent sous l'influence d'un commencement d'asphyxie; les plus riches montent en voiture et gagnent le Bois, les uns tout seuls, les autres avec leurs femmes, comme dans la chanson de Marlborough.

Les ombres chinoises qu'ils dessinent sur le gris vert des massifs méritent l'examen d'un observateur.

Il y a de tout dans ces véhicules : des hommes d'affaires éreintés par le travail de la journée; de jeunes ménages en reprise de lune de miel; des amoureux aussi amateurs d'obscurité que de fraicheur; des étudiants en rupture de préparation d'examens; de bons bourgeois que le surchauffement des entre-sols a chassés de leur logis, et de secourables demoiselles qui ne savent pas encore à qui elles viendront en aide, mais sont décidées à ne pas rentrer chez elles avant d'avoir soulagé quelqu'un de leurs contemporains.

Le repos de l'homme d'affaires.

La longue file des voitures meublées par ces représentants surchauffés de la population parisienne ressemble à un immense ver luisant rampant au milieu d'un gazon gigantesque dont les brins d'herbe seraient les futaies et les taillis du bois; les lanternes multicolores qui l'éclairent complètent l'illu-

Promenade d'exploration.

sion, en donnant à cet interminable serpent l'aspect phosphorescent particulier aux insectes dont j'ignore le nom entomologique, mais que Victor Hugo a appelés les « étoiles de l'herbe »; les clartés incertaines et fugitives qu'elles répandent sur les voitures qu'elles croisent, provoquent à chaque instant de réelles surprises et font faire des découvertes qui auraient besoin, pour être

Découverte inopinée.

regardées comme certaines, d'un éclairage plus net, mais qui, même considérées comme douteuses, n'en restent pas moins intéressantes.

Ces jets de lumière instantanée, qui viennent frapper en plein visage les promeneurs les plus mystérieux, causent souvent à celui qui les observe des émotions absolument imprévues. Vous avez quitté une demi-heure auparavant madame X... en proie à une migraine qui exigeait impérieusement quelques heures de repos, et la projection de la lanterne de votre victoria vous la montre en tête-à-tête avec M. Triple-Zed, dont le départ pour la campagne vous avait été annoncé comme effectué depuis quinze jours.

La métaphore du voile qui se déchire subitement vous paraissait être une figure de rhétorique quelque peu prétentieuse. Le spectacle auquel vous venez d'assister vous en fait apprécier l'admirable précision, et vous comprenez, grâce à l'apparition révélatrice qui vient de frapper vos regards, avec quelle justesse cette expression presque proverbiale résume vos impressions.

Si pareille découverte vous frappe directement, si vous y êtes personnellement intéressé, vous reprenez, dans un état voisin du marasme, le chemin de votre domicile, expiant ainsi le plaisir que vous avez goûté à des constatations identiques faites au détriment d'autrui.

— Il m'a semblé reconnaitre madame de Y...

— Moi aussi, mais je ne crois pas qu'elle fût avec son mari.

— Certainement non, puisque le voici dans la victoria d'Anastasie Katincka.

De tout cela on ne pourrait tester en justice, faute de preuves matérielles suffisamment contrôlées, mais on en sait assez pour pouvoir potiner entre amis, et c'est tout ce qu'il faut.

CHAPITRE IV. — De l'installation d'une écurie de service.

Conseils à un garçon. — Plan, aménagement. — Bat-flancs. — Mangeoires et râteliers. — La question des eaux. — *Écurie matrimoniale.* — Conseils à la femme d'un homme qui, à force d'aller en omnibus pendant son temps de célibat, est parvenu à se constituer un capital suffisant pour offrir à la compagne qu'il s'est choisie tous les moyens de transport désirables.

Un grand nombre de gens souffrant de maladies dont ils ont étudié à fond les symptômes, mais qui ignorent les moyens curatifs à employer pour obtenir un soulagement à leurs maux, adressent couramment aux princes de la science des questions plus ou moins précises, auxquelles ceux-ci s'empressent de répondre — contre remboursement. — C'est ce qu'on appelle *le traitement par correspondance.* — Les deux lettres illustrées ci-dessous imprimées sont les réponses d'un spécialiste, retiré en province après fortune défaite, à des demandes de conseils sur la marche à suivre pour l'installation d'une écurie de garçon et celle d'une jeune fille à la veille de son mariage.

Les conseils qu'il donne à l'une et à l'autre nous ont paru constituer un véritable manuel pratique, et nous croyons qu'en les reproduisant ici, nous rendons un réel service à ceux de nos lecteurs en travail d'aménagements analogues.

Voici la première de ces deux lettres :

« Trépigny-lez-Goretz, le 15 mai 188..

« C'est un grave conseil que vous me demandez, mon cher ami, et je n'espère pas vous renseigner en une seule épître, sur la réorganisation d'une écurie aussi compliquée que la vôtre. Puisque vous le voulez cependant, nous allons essayer, et je vous livre telles quelles les notes que j'ai prises à votre intention.

« Je ne voudrais pas que vous changiez quoi que ce fût au plan général actuel de votre écurie. Elle est bien aménagée, et je trouve qu'il serait mauvais, même en agrandissant le bâtiment, de faire double rangée de stalles.

« Songez donc à l'espace qu'il vous faudrait consacrer à la travée intermédiaire! — Et puis, quel agencement seriez-vous obligé d'imaginer pour accrocher les harnais au moment de garnir les chevaux ! — Laissez les bâtiments en l'état, c'est parfaitement ainsi. Bornez-vous à faire vérifier le dallage, qui peut avoir besoin d'être redressé; mais arrêtez-vous là, ne modifiez pas non plus votre système de bat-flancs mobiles, qui laissent au cheval plus de liberté que les stalles fixes, quand l'espace lui est mesuré. Un autre inconvénient des stalles fixes est de limiter d'une façon trop absolue le nombre de vos pensionnaires.

« Supposez que deux ou trois chevaux de supplément vous arrivent inopinément de votre écurie de chasse; où les logerez-vous avec vos stalles à poste fixe? à l'auberge, ou à l'*Hôtel Continental?* Il n'y a pas là, que je sache, aucune écurie. — Avec vos bat-flancs mobiles, vos hommes n'ont pas une heure de travail pour faire de la place aux nouveaux arrivés, et chacun de vos chevaux ne perd pas plus de quelques centimètres de son espace accoutumé.

« La seule amélioration à apporter est de faire appliquer de chaque côté du bat-flancs une sorte de bourrelet longitudinal, assez épais pour amortir à la fois le choc et le bruit des coups de pied des animaux un peu impatients, car je ne pense pas que vous ayez l'intention de remplacer ceux que vous comptez réformer par de plus endormis.

« Multipliez au plafond le nombre des points d'attache, vous verrez quelle commodité cela vous donnera, en vous permettant de proportionner l'espace réservé pour chaque cheval, à ses habitudes constatées. Il est, par exemple, absolument inutile de donner place égale à un animal qui ne se couche jamais, et à tel autre qui, comme votre jument grise, passe toutes ses nuits si complétement étalé qu'on serait tenté de le croire mort, n'était le mouvement égal et profond de sa respiration.

« Derrière chaque place (nous pouvons en compter huit dans chacune de vos écuries), faites donc appliquer un support solide en bois verni, de façon à avoir pour vos harnais des portants d'attente d'un entretien facile pour lesquels le simple coup de plumeau suffira. Vous éviterez ainsi l'abus du tripoli, et autres ingrédients nécessités par l'abus des cuivres, des aciers, des métaux blancs, très-jolis à voir, mais qui réclament des soins incessants que vous n'obtiendrez de vos hommes qu'au détriment du pansage.

« Faites donc faire dans votre cour cinq ou six fontaines. Vous n'en avez qu'une. C'est assez pour la cour d'un lycée, mais c'est tout à fait insuffisant pour une écurie qui compte plus d'un pensionnaire.

« Inutile, n'est-ce pas? de vous rappeler que tous les robinets doivent être garnis de pas de vis s'adaptant aux tuyaux d'arrosage, indispensables aux douches de vos quadrupèdes.

« Puisque nous touchons à la question des eaux, faites donc faire au fond de votre cour un abreuvoir à double pente, creux de deux pieds et demi à son point le plus profond, que vous ferez traverser aux animaux au moment de leur rentrée, avant toute autre toilette.

« Cette facile opération leur lave les jambes plus complétement et plus

rapidement qu'aucun lavage à la main, et le peu de profondeur du bassin laisse à sec le torse et les intestins, qu'il serait imprudent de plonger dans l'eau au moment où le cheval quitte le travail.

« Faites sans crainte, cher ami; l'expérience du système que je vous recommande est faite : il est entré dans la pratique et s'accomplit quotidiennement dans la plupart des établissements hippiques un peu considérables, et l'on est encore à lui trouver des inconvénients. — Vous serez un innovateur parmi les particuliers, mais vous ne courrez aucun risque autre que d'enrhumer celui de vos grooms qui aura la sottise de se laisser choir dans votre abreuvoir, en présidant à l'opération que je vous conseille de faire exécuter régulièrement, hiver comme été.

« Pour le pansage, supprimez les anneaux fixés au mur, et ayez des montants conformes au croquis que vous trouverez au verso de ce feuillet.

« Attaché à l'anneau, un cheval laissé seul, ne fût-ce qu'un instant, risque une écorchure à la hanche, à l'épaule, aux genoux ou aux jarrets, car l'animal peut se tourmenter et se heurter au mur, qui a toujours quelque aspérité, quelque pierre qui dépasse l'alignement, et peut causer une avarie toujours ennuyeuse à guérir à la peau du cheval que vous comptez précisément atteler ou monter le jour où se produit l'accident.

« Avec les montants dont il s'agit, rien de semblable à craindre, d'autant mieux que les doubles longes du licol d'écurie trouvent où s'attacher, et que le cheval est exactement dans la position du sauteur au manége, c'est-à-dire dans l'impossibilité de heurter à droite ou à gauche, retenu comme il l'est entre les deux piliers par deux lanières trop courtes qui ne lui permettent en aucun cas de s'éloigner assez du point d'attache pour atteindre le point opposé.

Une écurie de garçon.

« Une chose essentielle dans votre installation est de vous réserver une entrée couverte dans vos écuries. Vous pouvez parfaitement vous la ménager en faisant construire un petit escalier qui de votre salle d'hydrothérapie vous conduira aux remises.

« C'est le seul moyen d'assurer la visite quotidienne du maître, sans laquelle il n'y a pas d'écurie réellement bien tenue.

« Si vous ne réalisez pas le conseil que je vous donne, trois jours sur cinq vous aurez un prétexte pour vous dispenser de votre inspection : un jour la pluie, le lendemain le froid, le troisième jour l'ennui de vous habiller, car vous ne voudrez pas traverser votre cour en veston du matin et en pantalon à pied.

« On vous verrait de la rue, et vous ne tenez pas à servir de spectacle aux habitants de votre quartier.

« Faites donc faire votre escalier, si la fable de la Fontaine sur l'œil du maître a laissé dans votre esprit le souvenir qu'elle mérite.

« Quelque chose de très-simple d'ailleurs que votre escalier (pas de rampes, deux cordons attachés au mur, de chaque côté des marches), et descendant tout droit, prenant jour à la fois par la croisée du haut et par une porte vitrée au bas. Sous aucun prétexte ne laissez votre architecte vous imposer l'escalier en colimaçon, propriété exclusive des arrière-boutiques, et insupportable agent de descente ou d'ascension.

« Autre recommmandation essentielle que j'allais oublier, et qui m'est remise en mémoire par l'accident survenu avant-hier à notre ami Karl.

« Aucun grenier au-dessus de vos écuries. — Les logements des hommes, si bon vous semble ; mais pas une botte de paille, pas une poignée de foin sur la tête de vos animaux.

« C'est toujours dans ces réserves que le feu prend, et alors plus moyen de faire sortir les chevaux, que l'on retrouve deux jours après à l'état de noir animal.

« Ayez votre grenier au-dessus des remises. — En cas d'incendie, les voitures ne s'affolent pas, et l'on a toujours le temps de les tirer dehors.

« Pas de cheminées dans les chambres de vos hommes, une bouche de chaleur par case et un calorifère les chauffant toutes en même temps que la sellerie, et les trois ou quatre boxs destinés à l'infirmerie.

« Avez-vous, au temps où le prince B... habitait encore Paris, visité son petit hôtel de l'avenue Latour-Maubourg ? L'écurie était petite, de la place pour quatre chevaux au plus; mais comme c'était ingénieusement combiné!

« Autour de la cour exactement ronde, et dans laquelle on pénétrait par une double voûte passant sous une galerie faisant façade sur la rue, s'ouvraient les remises dont les portes faisaient face au vestibule du grand escalier. — C'était par là qu'arrivait la voiture attelée ou le cheval sellé.

« Toute la toilette préparatoire était cachée aux habitants de la maison et se passait à l'abri des regards indiscrets, derrière les panneaux de bois verni, montés sur coulisses, qui fermaient la partie du cercle réservé à la cavalerie.

« De la chambre du maître, ou, pour être plus exact, de son cabinet de toilette, on descendait directement à la sellerie, on traversait les remises et, toujours à pied sec et à couvert, on arrivait aux écuries, assez éloignées pour n'envoyer aucune odeur fâcheuse aux appartements.

« Si vous n'avez pas vu cette installation, je ne sais où vous indiquer l'équivalent, car elle a été modifiée depuis le départ du prince, et les écuries ont été transportées dans une maison voisine par le nouveau propriétaire. Mais si mon modèle n'existe plus en pierres et en charpentes, l'architecte existe encore en chair et en os, et, si besoin était, il ne serait peut-être pas impossible de le retrouver, lui, ou ses plans.

« La question de l'éclairage est aussi fort importante, car j'imagine que vous ne comptez supprimer ni votre service de nuit, ni les promenades matinales à la première pointe du jour : deux choses qui impliquent pour vos hommes

les toilettes faites à la lumière. Or, il n'y a que le gaz qui éclaire ; — les autres luminaires permettent au besoin de distinguer un bœuf d'un cheval, et les lanternes sont suffisantes pour cette raison dans une ferme où l'écurie et l'étable ne font qu'un ; — mais, pour voir le détail d'un harnais, pour opérer ou vérifier un pansage minutieux, le gaz seul a des clartés suffisantes. Il faut établir vos becs sur des branches mobiles assez longues pour permettre un assez grand écart du foyer lumineux ; il faut en outre que vos becs soient garnis de cloches de verre qui isolent la flamme ; — c'est moins laid, et à la fois plus prudent.

« Au dehors, d'autres candélabres vous sont indispensables aussi bien à la sortie de l'écurie qu'aux abords et à l'intérieur des remises : ceux-là peuvent être fixes, mais il est essentiel que le jet de flamme soit puissant, et, pour ne rien vous cacher de mon sentiment, j'aimerais à les voir renforcés par de vigoureux réflecteurs. C'est en effet à leur lumière que doit avoir lieu la mise dans les brancards, et il faut que d'un coup d'œil on puisse vérifier l'ajustement de tout l'attelage. — Si cette opération est faite dans le clair-obscur, on a mille chances pour partir avec une sangle trop lâche ou trop serrée, un trait trop court, une plate-longe mal mesurée, un reculement mal ajusté,

Une écurie de garçon. — Préparatifs de pique-nique.

une rêne attachée sur le mors au mauvais point, toutes causes d'accident ou tout au moins de mauvaise traction ou de mauvaise conduite.

« La sellerie doit être à votre écurie ce que le cabinet de toilette est à votre appartement. Elle doit y toucher, et cependant être assez isolée pour que l'on ne voie pas dans l'une ce qui se passe dans l'autre. Voici comment j'entends son aménagement.

« Une première pièce ouvrant d'un côté sur l'écurie, d'un autre côté sur la cour, et par une troisième ouverture sur la sellerie. C'est dans cette première pièce, aménagée à peu de chose près comme un atelier de sellier-harnacheur, que doit avoir lieu le nettoyage des harnais aussi bien que leur réparation.

Une écurie de garçon. — La sellerie.

« C'est là qu'on apporte les harnais après que le cheval a été dégarni, qu'on les lave, qu'on les cire, qu'on en fait les cuivres et les aciers. — Ces opérations successives une fois terminées, et après une vérification minutieuse, le chef de ce service fera transporter dans la sellerie proprement dite le harnais prêt à servir de nouveau.

« C'est là que sont accumulées les brosses, les terrines à sable, à tripoli, les gourmettes à polir, les peaux, en un mot tous les ustensiles du parfait astiqueur, office pour lequel sont tout naturellement indiqués d'anciens brosseurs d'officiers de cavalerie. De cette pièce, dont l'aspect rappelle assez exactement la boutique de décrotteur qui florissait au passage de l'Opéra, et qui se montrait si animée les nuits du samedi au dimanche, une porte pleine, montée sur coulisses, doit donner accès dans la pièce d'apparat de la sellerie. Il faut que celle-ci soit aussi correctement tenue qu'un salon, ou, pour mieux dire, qu'une galerie de collectionneur; elle ne doit du reste renfermer, en dehors des supports destinés à soutenir les harnais, que les appareils d'éclairage indispensables pour le soir. Dans cette pièce largement éclairée par deux fenêtres et une porte vitrée, je voudrais que le panneau du fond fût réservé aux brides et aux selles des chevaux montés, tandis que les panneaux latéraux seraient remplis par les harnais des chevaux d'attelage.

Une écurie de garçon. — La sellerie.

« Devant chaque fenêtre, un couple de chevaux, couverts des harnais de gala, qui, servant plus rarement, ont besoin, pour conserver leur forme, d'un appui plus complet, feraient face aux panneaux placés entre la porte et les fenêtres, sur lesquels seraient fixés les aciers dont l'usage ne serait pas quotidien; et, comme toute fraction d'une installation de garçon doit renfermer une galanterie quelconque à l'adresse des visiteuses, un cinquième cheval, placé de profil par rapport à la porte d'entrée, serait garni d'une selle de femme, munie de tous ses accessoires.

« Çà et là, des porte-fouets mobiles, dont les bases en bois du même ton que la boiserie de toute la pièce, formeraient les seuls siéges tolérés. Enfin, selon une définition devenue classique, deux ou trois de ces petits meubles autour desquels on crache, seuls ustensiles indispensables dans un endroit où ne pénètrent généralement, en dehors des gens de service, que des fumeurs enragés.

« En ce qui concerne vos remises, je ne vois rien à modifier dans votre installation.

« Vous avez en fait de voitures à quatre roues toutes celles qu'on peut tolérer à un garçon :

Une écurie de garçon. — Les remises.

« Un drag pour les grandes solennités; votre phaéton à huit ressorts pour les moindres représentations; votre coupé pour les jours de mauvais temps et les sorties du soir, et le duc réservé aux promenades du matin, quand vous avez à faire prendre l'air à quelque personne attardée et peu soucieuse de revêtir l'amazone.

« C'est complet ainsi, et ce n'est pas exagéré, puisque vous n'avez que quatre voitures encombrantes à loger. Les dog-carts, charrettes, tilburys, tiennent peu de place, et l'on trouve toujours quelque coin où les caser. Ayez donc de celles-ci autant que vous voudrez; mais sous aucun prétexte, ne vous laissez aller à commander une seule autre voiture à quatre roues. — Le garçon qui possède une victoria n'est plus qu'à moitié garçon, il est sur la pente irrésistible du landau, lequel, en matière de carrosserie, correspond exactement à la publication des premiers bans pour la vie civile. Avec un phaéton, si correct, si sérieux qu'il puisse être, on peut rester un jeune homme. — Dans une victoria, on devient un candidat matrimonial, et si l'on tombe dans le huit-ressorts, il n'y a même pas de rupture à espérer. — C'est ce que, comme dernier avis, je vous conseille d'éviter, et bien sincèrement.

« Henri d'Ecavey. »

Une écurie de femme. — Renouvellement de son effectif.

La seconde lettre que nous voulons soumettre à nos lecteurs s'occupe d'une installation plus modeste, pour un nombre de chevaux plus restreint, et vise le cas spécial de l'installation d'une jeune mariée : c'est elle qui nous la confie, et nous la transcrivons telle quelle.

« Trépigny-les-Goretz, 22 mars 18.8..

« Ma chère enfant,

« Puisque vous me consultez au sujet de votre écurie de noces, c'est que vous n'avez qu'une confiance limitée dans l'expérience de M. X... — Je crains que votre prétendu, que je ne connais pas encore, me trouve bien indiscret de venir me mêler d'une question qui ne devrait être discutée qu'entre vous et lui; mais il suffit que vous ayez voulu mon avis pour que je me considère comme obligé de vous le donner. — Je m'exécute donc, avec l'espérance que votre mari ne me saura pas mauvais gré de mon immixtion dans ses affaires.

« Il n'y a pourtant qu'un mari qui puisse régler ces choses-là. — En dehors de la question de goût, il y a la question budgétaire, qui a bien son importance, et qui se double ou se triple selon le degré de surveillance exercée.

« Enfin, je vais essayer de vous guider, puisque vous l'exigez. — Mais je vous le répète, je n'ai pas tous les éléments d'appréciation, puisque j'ignore la somme que vous voulez consacrer à votre écurie particulière.

Une écurie de femme. — Le box du favori.

« C'est bien de celle-là qu'il s'agit, n'est-ce pas, chère enfant? Car pour ce qui est d'un conseil à l'adresse de la communauté, je me récuse, attendu que dans ce cas, ce n'est plus seulement le montant du budget, mais encore les goûts et les aptitudes de l'un des conjoints que j'ignore absolument.

« Pour vous, c'est tout différent : je crois bien me souvenir d'avoir assisté à votre mise en selle, et je sais de quelle race d'écuyères vous êtes. J'ai bien aussi quelques données sur votre fortune, et je vais tâcher de vous indiquer sur ces bases de quelle manière vous devez composer votre effectif chevalin.

« Supposons qu'il ne doive pas dépasser cinq animaux. Si vous trouvez le chiffre trop restreint, il sera toujours facile de l'augmenter; tandis que s'il s'agissait de réduction, ce serait à mon tour d'être embarrassé, car, avec l'activité que je vous connais, je ne vois pas, dans les conditions que je prévois, vos cinq dadas en possession d'une sinécure.

« Une première question : Les chevaux dont vous vous servez en ce moment quittent-ils en même temps que vous la maison paternelle, ou les abandonnez-vous avec votre chambre de jeune fille?

« Si vous les emmenez, votre cheval de coupé ne peut plus vous être utile que pour le service du soir, et rentre de ce fait dans l'écurie commune.

« Votre jument de selle n'a qu'un tort à mes yeux : l'impressionnabilité inhérente à son sexe; elle est nerveuse, quinteuse même à ses heures, et cela suffit à me faire désirer que vous ne la conserviez point.

« Voici donc Stella réformée par ordre.

« Ne vous inquiétez pas d'ailleurs de son placement : je sais un de vos plus vieux amis qui sera enchanté de lui donner une place à son râtelier, et de lui faire prendre quelques bons galops derrière le peu de chiens qui lui restent.

« Ceci admis, je vous voudrais un cheval de pur sang qu'on trouvera facilement à Londres, bien sage, mais bien allant et bien droit, et sautant comme ils savent le faire quand on les a exercés de bonne heure à ce travail.

Une écurie de femme. — Cavalerie de selle.

« Ainsi montée, vous avez vos promenades du matin assurées pour Paris, et vos chasses de l'automne garanties.

« Rien qu'un cheval de selle? allez-vous dire. Mais à la campagne j'ai l'habitude de monter tous les jours, et les promenades ne sont pas un simple tour de Bois... Vous avez raison, chère enfant; mais attendez la fin de mon projet de loi, et vous verrez que j'ai prévu l'objection.

Une écurie de femme — Ia cavalerie indispensable pour une promenade du matin.

« Des deux chevaux nécessaires à votre calèche, dorsay ou vis-à-vis, il faut qu'un au moins soit mis à la selle, de façon à porter l'homme qui aura l'honneur de vous suivre dans vos promenades.

« C'est vous dire que je vous interdis de la manière la plus absolue pour cet attelage tout cheval d'origine allemande.

Une écurie de femme. — Cavalerie officielle. — Visites de cérémonie et promenades de l'après-midi.

« Vous connaissez du reste mon antipathie pour ces chevaux lourds, lents et gras, sorte de bourgeois quadrupèdes, qui donnent à la voiture la plus élégante l'aspect le plus commun, et dont la gaucherie d'allures communique à tout ce qui les approche une partie de leur propre lourdeur.

« Ces deux chevaux, qui devront être bais, seront donc nés, élevés et dressés en Angleterre.

« Si vous trouvez chez nos marchands français une paire réunissant réellement ces conditions, je ne m'oppose pas à ce que vous en fassiez l'acquisition ; mais il faut que les affirmations dudit marchand soient *prouvées,* vous m'entendez? prouvées, sinon l'on devra aller chercher le couple ci-dessus décrit, non pas à Londres, mais en Angleterre, en même temps que votre cheval de selle.

« Ces trois chevaux constitueront le fonds officiel de votre cavalerie, c'est-à-dire qu'ils auront à vous conduire pendant la journée à vos visites, et à vous porter le matin au bois.

« Il est bien entendu que les deux chevaux d'attelage marcheront aussi bien attelés seuls ou en paire, et que ce dernier mode sera réservé pour les grandes occasions, promenades de l'après-midi ou visites de grande cérémonie.

« Pour le matin, quand l'équitation ne vous dira rien (il y a des jours comme cela), vous aurez une paire de poneys ni trop grands ni trop petits, un mètre quarante au minimum, quarante-cinq au maximum, d'un bon train, mais très-légers de bouche, de façon que vous puissiez les conduire sans fatigue, et que vous ne payiez pas le plaisir de marcher lestement par l'ennui d'avoir le soir des courbatures dans les bras, ce qui vous arriverait inévitable-

Une écurie de femme. — Promenades du matin.

ment, si vous aviez à diriger et à modérer certains rossards de ma connaissance, affligés de ce que je me permettrai d'appeler de véritables gueules d'acier.

Une écurie de femme. — Corvées et commissions.

« Ils devront, en outre, et cela en vue des longues promenades de la campagne, être habitués à la selle et assez forts pour vous porter, le cas échéant. — Pour cette fantaisie absolument utile, je vous laisse toute latitude pour le choix de la robe : qu'ils soient gris, bais, rouans, alezans, piards au besoin; que l'un soit blanc et l'autre noir, le premier bai et le second isabelle, peu

DU CHOIX D'UN CHEVAL DE FEMME.

m'importe : ce qui est indispensable, c'est qu'ils aient tous deux un fonds d'enfer, qu'ils soient toujours prêts à toutes les corvées, qu'ils restent quinze heures dans les brancards, s'il le faut, et qu'ils soient capables de garder pendant trois heures consécutives le petit galop.

Une écurie de femme. — Service des mauvais jours.

« Voilà tout ce que je leur demande, car ils sont dans votre écurie pour l'imprévu, pour les corvées. — Vous avez un billet à faire porter au domicile de ce qu'on nomme des voisins à la campagne. Il s'agit de quatre à cinq lieues à faire : c'est à l'un des deux que la course revient de droit : un boy en selle, et vous aurez la réponse avant de vous mettre à table pour le dîner.

Une écurie de femme. — Pour les cas urgents.

« On a oublié quelque objet indispensable qu'il faut aller chercher à la ville la plus proche ; on attelle l'autre à la charrette anglaise, et le voilà parti. A-t-on besoin d'un médecin, c'est à l'un d'eux de l'aller chercher. Il y a dans vos environs un point de vue superbe, mais les chemins qui y conduisent ne sont fréquentés que par les chèvres ; c'est encore leur affaire.

« Mais à ce métier, en deux mois et même moins, mes poneys, direz-vous, seront d'anciens chevaux de fiacre. Point, chère enfant; seulement veillez à ce qu'on vous les choisisse faits, de sept à neuf ans; s'ils ont résisté jusque-là, vous pourrez être sûre d'eux; c'est qu'ils sont de la bonne fabrique, et vous verrez que même à Paris vous en trouverez l'emploi, et qu'ils vous rendront de bons, loyaux et utiles services. — Mis en paire, ils vous traîneront parfaitement une victoria, voire même un coupé, pourvu que ces véhicules ne soient pas d'une taille à rivaliser avec un tramway, et, par les mauvais jours, vous serez enchantée de leur voir faire très-gaillardement le service de vos grands et beaux chevaux, auxquels ils éviteront peut-être ainsi quelque fâcheuse fluxion de poitrine.

« Voilà mon programme, ma chère enfant, et je reste, vous le savez bien, tout à vos ordres, s'il vous faut de nouveaux détails.

« Baron d'Ecavey. »

CHAPITRE V. — LE CONCOURS HIPPIQUE.

Ce que devait être le concours hippique. — Ce qu'il a été. — Ce qu'il est devenu. — Le prestige de l'uniforme. — Un carrousel. — Souvenirs et regrets. — Cavaliers laïques et militaires. — Spectateurs et spectatrices.

De tous les exemples qu'on pourrait citer à l'effet de prouver à quel point une institution peut se trouver détournée du but que se proposaient ses fondateurs, je n'en connais pas de plus concluant que celui présenté par le concours hippique, depuis sa création jusqu'à nos jours.

Ses fondateurs avaient l'intention d'organiser à côté de la Société d'encouragement, dont l'influence sur l'élevage des chevaux de pur sang en France a donné de si excellents résultats, un groupe d'amateurs favorisant par tous les moyens en leur pouvoir la production du cheval de demi-sang, et facilitant en outre les relations directes entre les éleveurs et les acheteurs.

L'ancien concours. — Présentation du produit.

Pendant un certain temps, malheureusement fort court, le but que la nouvelle Société s'était proposé a été consciencieusement poursuivi, et l'on pourrait citer jusqu'à deux de ses réunions annuelles dans lesquelles les chevaux qui y ont figuré avaient été directement amenés par les gens qui les avaient élevés.

L'ancien concours. — Classement par catégories.

Pour quelles causes ceux-ci ont-ils renoncé à leurs envois? Ont-ils reculé devant l'importance des frais occasionnés par les voyages de leurs produits? ou leur amour-propre d'éleveur, presque aussi susceptible que l'amour-propre

L'ancien concours. — L'examen des chevaux était fait d'une façon méticuleuse, ce qui ennuyait considérablement le public, mais constituait pour l'éleveur d'un cheval réussi un véritable triomphe.

paternel, a-t-il été froissé par les décisions d'un jury qui ne s'est pas montré suffisamment transporté d'enthousiasme? C'est un point qu'il serait outrecuidant de vouloir décider; ce qui n'est pas contestable, c'est que les éleveurs forment aujourd'hui l'infime minorité des exposants, et que le plus grand nombre des chevaux envoyés appartiennent à quelques grands marchands, qui semblent avoir monopolisé le nouveau marché ouvert pendant les quinze jours de la durée du concours hippique.

L'ancien concours. — Appréciation du degré de dressage.

Une raison qui n'a peut-être pas moins contribué à éloigner du palais de l'Industrie les producteurs de chevaux, désireux de voir les qualités hors ligne que tous sans exception attribuent à leurs élèves, être l'objet d'un long et attentif examen de la part du jury, a été sans nul doute l'engouement avec lequel la mode a adopté les réunions de l'après-midi, consacrées aux sauts d'obstacles.

Devant un pareil succès, les organisateurs de ces réunions n'ont pas eu le courage de résister à la tentation de multiplier des séances qui devaient forcément amener des recettes considérables, et les résultats inattendus obtenus de la sorte ont peu à peu détourné leurs regards du but primitivement recherché.

Est-ce un bien? est-ce un mal? Les uns disent oui; mais outre qu'ils sont pour la plupart intéressés dans la question, ce sont les moins nombreux; et si l'on en venait à un vote plébiscitaire, leurs protestations seraient étouffées par les acclamations de la foule, qui trouve son plaisir au spectacle qu'on lui fournit quotidiennement, et se soucie des résultats utiles qu'on aurait pu obtenir autant que des neiges d'antan.

L'ancien concours. — Un peu de public.

Pour moi, qui crois fermement à l'influence, indirecte il est vrai, mais très-réelle du concours, et qui jouis autant que pas un du spectacle qu'il offre aux curieux, je me réjouis sans arrière-pensée des encouragements qu'il offre aux amateurs d'équitation. Pour que les chevaux sautent, il est indispensable qu'il y ait des cavaliers capables de les faire sauter, et il n'est pas besoin de remonter bien haut dans le passé pour trouver le temps où la plus grande difficulté pour l'organisateur de semblables fêtes aurait précisément été de trouver un nombre d'acteurs suffisant. On les compte aujourd'hui par centaines; c'est un premier résultat définitivement acquis et qui n'est point à dédaigner.

Ces réserves une fois faites sur les services qu'on attendait de l'institution de la Société hippique française, nous n'avons qu'à constater la faveur croissante dont ses réunions sont l'objet. — La date de l'ouverture du concours, qui coïncide avec le retour à Paris de tous ceux que les grandes chasses ont

L'ANCIEN CONCOURS. — TYPES DISPARUS.

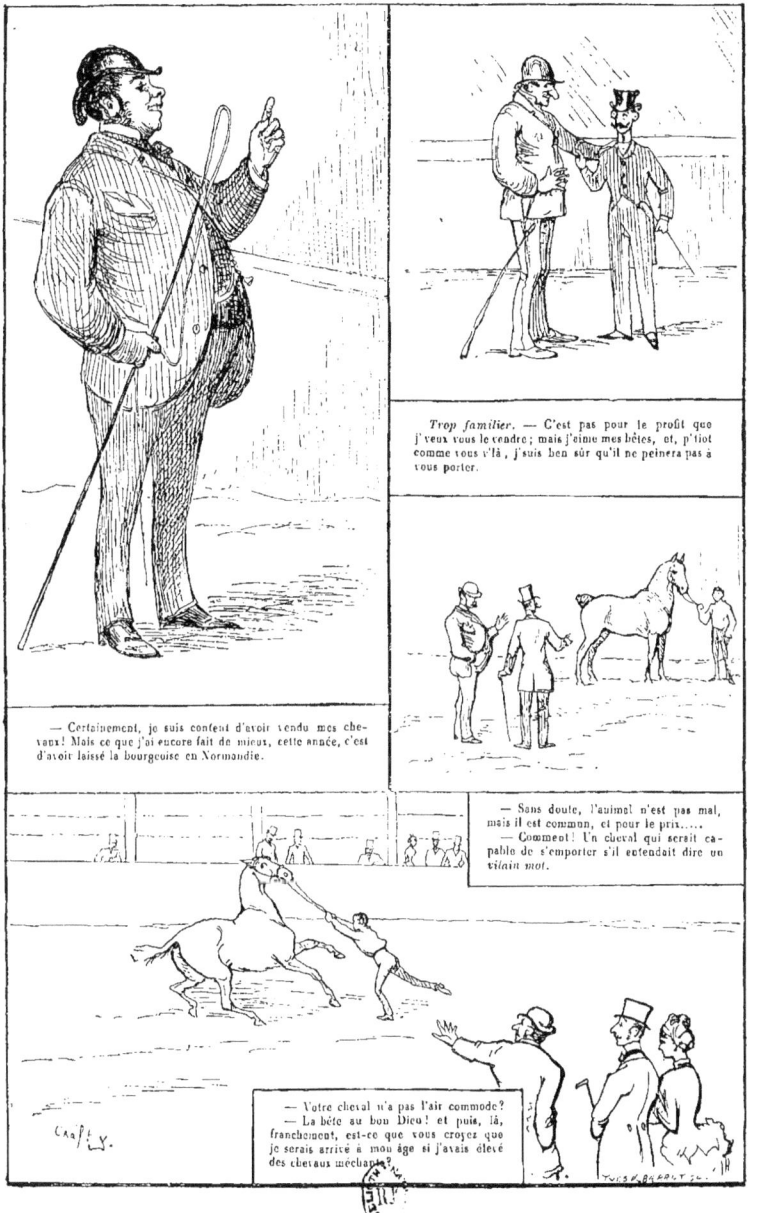

tenus éloignés de la capitale, est admirablement choisie, et fournit à tous une occasion de se rencontrer dans un endroit clos (ce qui n'est pas sans importance à une saison pendant laquelle les giboulées constituent une nécessité climatérique), où se trouve réuni un lot toujours intéressant de ces nobles animaux que M. de Buffon nous a si pompeusement décrits. Pendant les premières années du concours, ce qui, mieux encore que le grand nombre d'affiches apposées sur tous les murs de la capitale par les soins du Comité directeur, annonçait exactement la date de son ouverture, c'était la présence dans les rues de Paris de gens mal mis, tenant en main des chevaux brillants d'allure, et demandant poliment aux agents de la paix, — je crois que c'est le nom qu'on donne aujourd'hui aux anciens sergents de ville, — le chemin des Champs-Élysées.

L'ancien concours. — Demande de renseignements.

Leur politesse à l'égard des représentants de l'autorité, aussi bien que leur ignorance des points les mieux connus de la topographie parisienne, indiquaient clairement à l'observateur que ces braves gens n'étaient pas d'ici. Ils arrivaient en effet, qui de Normandie, qui du Centre, qui du Midi, amenant leurs élèves, dont ils partageaient l'ahurissement à la vue du mouvement parisien.

À l'heure qu'il est, l'apparition de ces figures étonnées ne se produit plus que par rares exceptions, justement assez nombreuses pour rappeler aux vieux Parisiens les arrivages d'autrefois.

Par contre, le cérémonial de l'installation des chevaux est resté le même. Chacun d'eux reçoit à son arrivée un numéro de poitrail qu'il doit porter dans chacune des épreuves auxquelles il prendra part. Aussitôt la réception administrative terminée, le jury d'admission commence ses opérations.

MM. les jurés, divisés par groupes de trois ou quatre, dispersés aux quatre coins de l'immense manége, procèdent aux constatations de taille, d'aptitudes. Rien de plus pittoresque que les groupes ainsi formés au hasard par les examinés et les examinateurs.

Ici, l'un des commissaires, armé d'une chambrière, active le trot d'un cheval conduit en main; là, un autre tient la toise; plus loin, il s'agit de constater l'âge de l'un des candidats qui n'aime pas qu'on lui mette les doigts dans la bouche, et résiste de son mieux aux investigations dont il est l'objet.

Au concours hippique. — Opérations préliminaires.

Ces opérations se reproduisent pour chaque cheval, et remplissent toute la première journée. C'est à la fois la plus fatigante et la plus dangereuse pour MM. les jurés. Debout depuis le matin jusqu'au coucher du soleil, ils font un chiffre de kilomètres absolument invraisemblable, et le va-et-vient des chevaux, souvent très-surexcités par la nouveauté de tout ce qu'ils voient, est tel que la vigilance d'un homme obligé de rester au milieu de la piste pendant toute une journée ne doit pas cesser un instant d'être aussi éveillée que s'il traversait un boulevard de plusieurs lieues de largeur sur lequel s'écoulerait incessamment un retour de courses. C'est surtout aux abords des écuries que la plus grande attention est recommandée; les chevaux s'y croisent incessamment à un train très-vif et y échangent volontiers à la rencontre des mouvements de gaieté, dont les éclaboussures sont à prévoir et à éviter.

Au temps jadis, l'estrade du jury était montée sur roues; on l'a supprimée comme encombrante. J'aurais voulu au contraire qu'elle fût non-

AU CONCOURS HIPPIQUE. — TYPES D'HABITUÉS.

seulement conservée, mais attelée; rien n'eût été plus pittoresque que cet omnibus découvert suivant les chevaux pendant les épreuves, s'arrêtant en même temps qu'eux, passant du pas au trot, et du trot au galop, selon la vitesse déployée par les animaux à récompenser.

La tribune volante de l'ancien jury.

La première distinction accordée aux candidats consiste en un flot de rubans, récompense qui correspond assez exactement à l'accessit et consiste en quelques mètres de taffetas gris et violet assemblés avec un certain art. Ce n'est cependant pas un objet admirable en soi; mais outre que l'amour-propre de ceux qui l'obtiennent s'en trouve flatté, comme cette touffe honorifique figure à l'écurie pendant toute la durée du concours, elle sert de réclame à son possesseur, qu'elle classe parmi les bons élèves.

Autrefois, les travaux du jury occupaient la plus grande partie de la journée, et leur durée rendait le spectacle quelque peu monotone pour les gens qui n'étaient pas doués d'une passion véritable pour tout ce qui touche au cheval; par contre, le public frivole était dédommagé de ces ennuis par un spectacle charmant à voir, que des raisons de haute politique ont fait supprimer. — Je veux parler du carrousel donné par les écuyers et les élèves des écoles militaires de Saint-Cyr et de Saumur.

L'ancien concours. — *L'école de Saint-Cyr.*

Rien de plus brillant que ce ballet dansé par des cavaliers, sans un oubli, sans une faute. Et quelle variété dans les mouvements exécutés avec une précision mathématique ! mille circuits, mille détours, des changements de pied à tout instant, galop sur deux pistes, pas de côté, pas de pied ferme, espagnol, trot cadencé, courbettes et sauts de pied ferme, toutes les difficultés des manéges vaincues par de véritables virtuoses en matière de haute école. Ajoutez à cela les exercices du javelot, de la lance, des bagues, des têtes ; tenez compte de l'éclat des uniformes, du brillant des aciers, de la belle prestance des cavaliers, tous jeunes et bien découplés, et vous aurez une faible idée du spectacle dont sont aujourd'hui privées les nouvelles générations.

Chose curieuse à constater, c'est du jour où les exercices essentiellement militaires, dans lesquels brillaient exclusivement les officiers, ont été subitement supprimés, que date leur grand succès auprès du public.

A-t-il voulu protester contre la mesure prise, ou bien a-t-il cru qu'elle avait été inspirée par la jalousie des cavaliers civils ? Je l'ignore, mais sa prédilection n'est pas contestable.

Il y aurait, sur la différence de l'accueil fait par le public, le public féminin

L'ancien concours. — Un carrousel et des sauteurs montés par les écuyers de l'école de Saumur.

L'ANCIEN CONCOURS. — UN CARROUSEL.

Le javelot. — Exercice aussi peu pratique qu'il pourrait être élégant. Le malheur est que le but est généralement l'objet le moins atteint.

La lance. — Encore une arme à laquelle la stratégie moderne a renoncé, mais dont l'emploi peut encore servir aux officiers qui y excellent à récolter dans les fêtes foraines un nombre incalculable de macarons.

Les têtes — ou l'art de ramasser à la fourchette ceux d'entre les ennemis qui traînent à terre.

surtout, aux officiers et aux gentlemen, un parallèle curieux à faire pour un professeur de rhétorique. Dans le premier cas, en effet, on applaudit un homme qui poursuit un but utile et cherche à se perfectionner dans un art dont les lois trouvent dans les obligations de sa profession une application quotidienne. Le second, au contraire, ne cherche et ne peut trouver dans cette périlleuse gymnastique qu'une distraction ou une satisfaction d'amour-propre.

Ici se trouverait l'occasion toute naturelle de placer une bonne philippique contre les hommes de loisir, groupe inutile dont le luxe, l'oisiveté brillante, spectacle permanent de la foule, ne peuvent que surexciter les appétits de jouissance déjà trop éveillés en elle. Vous voyez la thèse! bien développée, elle peut servir de point de départ à la fortune d'un lauréat de l'Académie des sciences morales et politiques.

Pour moi, l'accueil fait aux militaires dans ces « luttes pacifiques » est dû tout simplement au prestige de l'uniforme.

S'il n'y avait pas à cette admiration cent raisons meilleures les unes que les autres, la supériorité des cavaliers par exemple, les côtés avantageux du costume en constitueraient une très-suffisante. Il ne suffit pas, quand on affronte les regards du public, d'être bon cavalier, il faut encore être beau cavalier, et, il est inutile de ne pas en convenir spontanément, nous autres, simples laïques, nous sommes vilains, horriblement vilains. — Si au chapeau haute forme et à la redingote nous ajoutons la botte molle, à revers, ou Chantilly, on peut à vingt pas nous prendre indifféremment pour un M. Loyal quelconque ou pour un groom dans l'exercice de ses fonctions. Si nous portons le simple pantalon, c'est d'un fantassin outrecuidant que nous prenons l'apparence. Sous un képi, avec une tunique de dragon ou une veste de chasseur, l'homme reste appréciable, et, ma foi, ceux qui sont bien découplés obtiennent leur succès personnel.

La coquetterie y trouve aussi son compte. Une femme correctement mise, causant avec un officier légèrement incliné sur l'encolure de son cheval, qu'il calme en le flattant de la main, sait parfaitement qu'elle forme avec son interlocuteur un charmant motif à aquarelle. La même femme félicitant un vainqueur bourgeois n'offre plus le même côté pittoresque. Elle le sait et elle s'abstient. Les nombreux encouragements donnés à Mars par Vénus me portent à penser que dès cette époque lointaine les hommes adonnés aux professions dites libérales se faisaient déjà remarquer par leur aspect antiplastique. Si vous en doutez, allez passer une heure au Palais, ou regardez un séminaire en promenade ; c'est horrible à voir.

Les habitudes d'abandon contractées dans la pratique du steeple-chase et de la chasse à courre nuisent peut-être encore davantage à l'apparence de nos gentlemen que l'insuffisance du costume actuel; en outre, la plupart des chevaux amenés par eux au manége sont habitués à aborder l'obstacle dans le train. Le public se trouve de la sorte appelé à se prononcer entre deux systèmes d'équitation sinon opposés, du moins complétement différents, et c'est précisément celui pratiqué par les militaires qui s'applique dans son vrai milieu. Hommes et chevaux ont l'habitude du manége et de l'obstacle dans un espace restreint; tels chevaux de chasse qui, en pleine campagne, passeront le plus sûrement les obstacles naturels les plus compliqués et le plus difficiles à juger, frôleront du sabot la moindre barre placée dans un manége. Souvent les plus adroits sont ceux qui, pour le saut, ne déploient que la force indispensable, et plusieurs qui au premier tour auront jugé du peu de solidité des obstacles, les passeront au second tour avec la volonté de les renverser, car ils ont appris à leurs dépens que dans un long parcours il faut éviter tout effort inutile.

Pour ce qui est des positions excentriques adoptées par les steeple-chasers, tous les officiers n'en sont pas exempts. Quelques-uns d'entre eux portent le corps aussi penché en avant que des jockeys de profession, et ce que cette façon de se tenir a de disgracieux s'accuse encore davantage sous l'uniforme, qui dessine le cavalier d'une façon pour ainsi dire plus intime que les habits bourgeois.

Eux-mêmes ne peuvent pas se douter de l'air contracté, affecté, que cette position leur donne, car il est rare qu'on monte à cheval devant son armoire à glace.

C'est à leurs camarades, à leurs amis véritables, de leur signaler le travers dans lequel ils tombent, et qui leur enlève auprès du public le bénéfice de leur situation d'officiers; ils se classent volontairement dans la catégorie des gommeux, des snobs militaires. Si la foule n'apprécie pas toujours les qualités solides qui ne sont pas mises en évidence par un côté saillant, un cachet personnel, elle saisit toujours en effet du premier coup d'œil les côtés comiques d'une attitude, tout ce qui, comme on dit, prête à rire. Il ne faut pas oublier que le public français est toujours un public caricaturiste.

Avez-vous cherché à saisir, à analyser les intonations diverses qui nuancent le grondement que pousse la foule à toute chute? Le commencement de ce grand murmure est toujours gouailleur; il ne devient poignant que quand l'accident est consommé.

La raison en est simple.

Si rapide que soit une chute, elle se décompose pour le moins en deux temps.

Pendant le premier, le cavalier est précipité sur l'encolure du cheval ou jeté de côté; c'est le moment qui prête à rire, par la disjonction des deux éléments qui composent un cavalier monté.

Ce temps passé, le dénoûment fatal ou insignifiant se produit, et le murmure ironique du début tourne à la clameur épouvantée ou à l'éclat de rire, franc, sonore, irrésistible, — manifestation plus gaie même pour l'acteur qui en est l'objet.

La musique militaire qui jadis accompagnait de ses roulements de tambour et de ses éclats de cymbale le retour du vainqueur à l'écurie, a été remplacée par des trompes de chasse, qui sonnent entre chaque épreuve une fanfare quelconque.

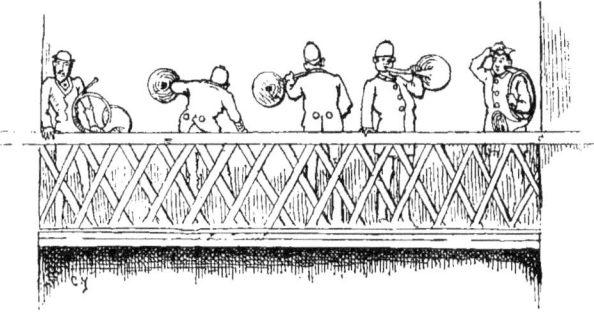

Au concours hippique. — L'orchestre.

Cette innovation, qui remonte, si je ne me trompe, à l'an de grâce 1879, permet aux instrumentistes de faire quelques bonnes plaisanteries musicales, qui ne sont malheureusement goûtées que par les veneurs très au courant du sens des sonneries.

C'est ainsi que le cavalier qui a pris un bain dans la rivière est reconduit au son du bat-l'eau, et que celui qui est retombé sur le dos à un obstacle quelconque a les honneurs du roi Dagobert, qui, comme chacun sait,

A mis sa culotte à l'envers.

Une mode qui a pris naissance à la même époque a amené dans les dimensions du képi une élévation qui ne tardera pas à égaler celle du chapeau noir. On prétend que cette coiffure gagne à cette croissance une grande solidité. Le petit képi ne tenait pas à la tête, et la moindre réaction mettait en question l'équilibre de cet élégant couvre-chef. L'explication est acceptable; mais elle n'excuse pas la laideur du nouveau modèle, qui s'accentue chaque année.

En dehors du sempiternel steeple-chase en chambre pour l'encouragement duquel elle semble avoir été créée, la Société hippique offre à ses nombreux membres un double spectacle qui reste en faveur auprès de ce public blasé par les émotions de l'obstacle à jet continu, le Longchamps des chevaux de selle, et le défilé des mail-coachs.

Le seul cas où les éternels flots de rubans du jury fassent bon effet.

Le premier de ces exercices constitue le spectacle le plus incohérent qu'il soit possible d'imaginer.

Une centaine de chevaux de tout modèle, de toute taille et de toute provenance, montés, les uns par leurs propriétaires, les autres par des grooms ou des écuyers de profession, défilent d'abord au pas, puis au trot, puis au galop, dans un sens déterminé; cela dure environ une demi-heure. Pendant ces différents exercices, le jury reconnaît les qualités des chevaux ainsi présentés, et, après un moment de recueillement nécessité par la gravité de la décision à prendre, on exclut à peu près la première moitié des concurrents et l'on bombarde de flots de rubans la seconde, qui reprend les mêmes exercices pendant une nouvelle demi-heure. — On ne voit pas très-nettement à première vue ce que cette distribution de prix faite à des chevaux que tout Paris connaît souvent depuis plusieurs années pour les avoir vus constamment au Bois peut avoir d'intéressant pour la production; mais, après examen, on constate qu'elle a pour résultat assuré de causer un certain plaisir aux propriétaires des chevaux primés, tandis qu'elle inspire aux éliminés une indes-

Au concours hippique. — Le Longchamps des chevaux de selle.

criptible fureur. Bénéfice net : cinquante pour cent de gens horripilés sur un total de cent candidats.

La figuration des mail-coachs atteint un résultat identique, en ce sens qu'elle crée inutilement une série de mécontents.

Un prix donné pour une épreuve déterminée, une course d'obstacles ou de vitesse, appartient de droit à celui qui a rempli les conditions du programme, et ceux des concurrents évincés savent pourquoi ils l'ont été. De plus, leur insuccès n'implique aucun blâme, soit de leur façon de monter, soit du goût de leur tenue : il n'en est pas de même quand il s'agit de classer des attelages.

Le jury prend sur lui de décider une question de goût.

En préférant le mail de M. Z... au coach de M. X..., vous blessez M. X..., qui a forcément la prétention de se connaître en chevaux, en voitures, en harnais et en livrée, non-seulement aussi bien que son voisin, mais encore aussi bien que vous qui vous constituez en tribunal pour déclarer que ce qui lui plaît n'est pas plaisant, et que ce qu'il trouve le comble de l'élégance ne possède aucun style.

Cette façon détournée de lui dire qu'il ne se connaît rien à rien l'exaspère tout naturellement et lui constitue un grief contre vous, qui donnera naissance à une féroce rancune. Par contre, ceux que vous avez primés trouvent la chose toute simple, et ne vous en savent aucun gré. Je ne vois pas qu'il y ait compensation, à moins qu'on ne fasse entrer en ligne de compte le plaisir qu'on peut avoir à donner de petits coups d'épingle dans l'amour-propre du prochain.

Au concours hippique. — Quelques mécontents.

Disons toutefois à la décharge du jury, qui nous paraît dans cette circonstance se mêler quelque peu d'affaires qui ne sont pas complétement siennes, que cette accumulation dans la nef du palais de l'Industrie de la plupart des beaux attelages parisiens y produit un effet des plus réussis, et permet aux amateurs de les mieux apprécier que partout ailleurs; ils les voient à la fois au repos et en mouvement, et peuvent ainsi apprécier les qualités d'allures et le plus ou moins de soin apporté au détail.

Au concours hippique. — Figuration des mails; l'examen.

Quelque intérêt que puisse offrir le programme des opérations du concours, il ne saurait jamais lutter avec le plaisir que le public éprouve à se regarder lui-même. Là est le vrai motif de l'affluence des spectateurs; les chevaux n'en sont que le prétexte. Ne faut-il pas, en effet, que la réunion soit, par sa composition même, un véritable réservoir à potins, pour que des femmes élégantes, délicates, consentent à rester, pendant des séances interminables, empilées, mal assises, asphyxiées par les émanations des écuries, souvent par une chaleur excessive? En conscience, consentiraient-elles à subir un pareil supplice, si le seul spectacle qui leur soit offert consistait réellement dans la vue d'un unique monsieur, civil ou militaire, sautant éternellement le même obstacle? Non, n'est-ce pas?

Donc, puisque le public constitue la partie peut-être la plus intéressante de l'ensemble du spectacle, regardons-le à son tour. Notons au passage les principaux types au moment de leur apparition dans les tribunes.

Les premiers arrivés sont les membres du jury. Je ne vois pas très-nette-

Au concours hippique. — Réfiguration des mail-coachs.

ment quelle pourrait être leur installation de nuit au palais, sans quoi j'affirmerais qu'ils y couchent; toujours est-il que je n'en ai jamais vu un seul y entrer, et que je n'ai jamais non plus constaté *de visu* qu'un seul en sortît.

Il y aurait, sans quitter le jury, une intéressante série de personnalités à étudier; mais, outre que la plupart sont absolument connues, rien ne m'autorise à portraicturer sans leur consentement une collection de parfaits gentlemen, qui s'imposent, dans un but absolument désintéressé, d'épouvantables corvées. On ne sait jamais si l'on sera agréable à quelqu'un en l'imprimant tout vif, et je serais désolé à la pensée de causer un ennui si léger qu'il fût à l'un ou l'autre des organisateurs dévoués d'un plaisir public dont je prends régulièrement ma part.

Contentons-nous donc de tracer des traits généraux, qui, s'appliquant à tous, ne désignent personne.

Au concours hippique. — Membres du jury.

Le membre du jury est un homme entre deux âges, en général plus près du second, qui s'est toujours occupé de chevaux, soit comme sociétaire d'une écurie de courses, soit comme éleveur, soit comme veneur, voire comme simple amateur. Il est généralement connu comme le loup blanc de tout le personnel qui s'agite entre l'Obélisque et la Cascade, et il n'est pas un seul garçon d'écurie du quartier des Champs-Élysées qui ne sache à quel titre il a droit.

Toujours très-soigné de sa personne, sa mise fait connaître à l'archéologue l'époque précise de ses plus grands succès. Celui-ci a conservé, en effet, le chapeau qu'il portait à l'époque où il gagna son dernier steeple-chase à Berny. Celui-là n'a jamais pu abandonner le pantalon à sous-pieds qui lui a valu d'être remarqué par Fanny Essler, tandis qu'un troisième porte obstinément la cravate crinolinée avec laquelle il a défendu à la Chambre des pairs l'administration des haras, injustement attaquée à propos de la jumenterie de Pompadour. Tous ces hommes de loisir, qui en temps ordinaire ne se dérangeraient pas d'une partie de whist à la nouvelle que le feu consume leur hôtel, dépensent en tant que jurés une activité dévorante. Ils vont, viennent, discutent, pérorent, examinent les chevaux, gourmandent les hommes, font modifier un obstacle, prennent des notes, traversent le manége dans toute son étendue pour aller demander un renseignement à l'un de leurs collègues, et finalement vont se coucher harassés, après avoir dépensé une somme d'énergie qui suffirait à la restauration de n'importe quel régime déchu ou au renversement de n'importe quel gouvernement existant.

Immédiatement après le membre du jury, on rencontre l'ami des membres du jury; son activité est égale à celle de l'astre dans l'orbite duquel il s'agite. Si le juré fait un pas, il en fait dix; car, outre qu'il l'accompagne partout, il est de toute nécessité qu'il aille aux tribunes faire part aux amis des découvertes faites, car il a la manie de montrer qu'il est bien informé. A joué comme son ami un rôle dans le monde du sport, mais un rôle secondaire; a couru comme lui, mais a récolté plus de chutes que de prix; a fait de l'élevage, mais sans succès, et n'a jamais pu, malgré des efforts incessants, s'élever de l'emploi de confident à celui de premier rôle.

Au concours hippique. — L'ami des membres du jury.

Viennent ensuite toutes les variétés du sportsman : notons en première ligne le sportsman en pleine activité qui courait l'autre dimanche à Auteuil, lundi au Vésinet, mardi à Saint-Ouen, mercredi à Enghien, jeudi à La Marche, vendredi à Achères et samedi à Maisons-Laffitte. Il est en pleine condition, maigre comme un clou et sec comme un copeau. Ne prend jamais aucune part aux épreuves, et professe un mépris absolu pour cette variété de steeple-chase couru sans vitesse par-dessus des obstacles sans solidité.

Cause volontiers avec le sportsman en retraite, qui, lui, n'a pas couru depuis 1832, mais partage le scepticisme du précédent à l'égard du spectacle auquel

AU CONCOURS HIPPIQUE. — TYPES D'HABITUÉS.

ils assistent; vit de souvenirs et d'anecdotes rétrospectives. Il ne se produit pas un incident qui ne lui rappelle un fait survenu pendant la première moitié du siècle à quelqu'un de ses contemporains, et il le raconte immédiatement avec force détails. A assisté à toutes les courses depuis la création du Jockey-Club, dont il est fondateur. N'a jamais pu se décider à modifier la forme des vêtements qu'il portait en 1830.

Sportsman campagnard.

Le sportsman campagnard est un des fidèles du concours. Il n'y envoie plus de chevaux, mais il vient en personne afin d'acheter tous les objets d'invention nouvelle exposés dans les bas côtés; est entré de la sorte en possession d'un nombre incalculable de mors, brides, selles et étriers plus ou moins perfectionnés, qui font ressembler sa sellerie à un magasin. Porte des complets de couleur sombre, et surmonte sa bonne grosse tête, halée par les intempéries, d'un chapeau bas d'une forme spéciale, qui tient le milieu entre la cape et le bolivar.

Est souvent accompagné du gentleman fermier, qui est venu surveiller l'installation de ses deux pouliches avec lesquelles il compte bien enlever la prime d'honneur; n'a jusqu'ici obtenu qu'un double flot de rubans.

Barbe complète, ordinairement dorée : c'est l'effet du soleil; teint rouge : c'est l'effet du vent; mains rudes : c'est l'effet de l'air; physionomie ouverte, parole cordiale; hospitalier et bon vivant. Aime à parler de sa cave et de ses bêtes; rit avec une telle sonorité que tout le monde le regarde avec stupéfaction; s'il s'en aperçoit, il rougit comme une jeune fille; mais la confusion qu'il éprouve ne l'empêchera pas de recommencer une demi-heure plus tard. — On rit comme on peut.

Gentleman fermier.

Le pseudo-sportsman forme la catégorie la plus nombreuse, qui se subdivise en une infinité de variétés. Ses jugements sont absolus, toujours prononcés à haute voix et avec un accent d'autorité qui n'admet pas la contestation. Celui qui les émet peut indifféremment être un petit commis n'ayant jamais monté que sur l'impériale des tramways, ou un prince de la finance possesseur de quelque douzaine de chevaux qui lui ont été fournis à un prix exorbitant par un premier cocher payé comme un ambassadeur.

Le second n'est pas plus connaisseur que le premier, et l'état de leur budget établit seul une différence entre eux.

Tous deux auront une égale admiration pour un animal insignifiant dont la robe sera brillante, le poil soyeux, le col recourbé, et resteront aussi complétement indifférents si on leur fait voir quelqu'un de ces chevaux exceptionnels par la profondeur du garrot, l'inclinaison de l'épaule et la puissance des articulations.

A leur suite, il faut citer le sportsman ornement, pour lequel l'équitation est un prétexte à costumes ; le sportsman fantassin, critique acerbe de tous les cavaliers, pour les défauts desquels il est impitoyable, mais que personne n'a jamais vu à cheval ; le sportsman à roulettes, qui consacre à sa traction aussi peu de cheval que possible, et bien d'autres, tous théoriciens sévères qui critiquent sans relâche ceux qui ont la naïveté de pratiquer, mais ne poussent pas l'amour du professorat jusqu'à prêcher d'exemple.

Sportsman ornement.

Autant le public masculin civil se montre grinchu à l'égard des concurrents qui défilent devant lui, autant les militaires que l'âge et l'embonpoint excessif empêchent d'entrer en lice se montrent

indulgents pour ceux de leurs camarades que la pléthore n'a pas encore envahis. Chaque obstacle franchi sans mécompte leur cause un plaisir indicible, et ils prodiguent les applaudissements aux officiers de l'arme qui ont victorieusement accompli l'épreuve.

AU CONCOURS HIPPIQUE. — TYPES D'HABITUÉS.

L'enthousiasme féminin surpasse seul l'admiration des camarades de régiment. Mais encore faut-il que le jouteur ait une jolie tournure et qu'il ait l'air distingué.

Si par hasard on lui présente quelque officier sorti du rang, solide en selle comme pas un, mais coiffé trop rigoureusement à l'ordonnance, et paraissant gêné d'affronter tous les regards qui convergent vers lui, saluant gauchement le juré auquel il doit remettre son numéro d'inscription, ses bonnes dispositions seront considérablement diminuées. S'il commet la

Au concours hippique. — L'officier de fortune chargé par son colonel de présenter le cheval le plus rétif de l'armée française.

moindre faute, qui serait pardonnée à l'avance à tout officier homme du monde, le public féminin, qui voit en lui un intrus, se montrera d'une sévérité excessive, et donnera des signes non équivoques de désapprobation, dont l'expression sera d'autant plus vive que celles qui manifesteront leur blâme seront d'autant plus incapables d'apprécier les difficultés contre lesquelles le malheureux officier de fortune aura eu à lutter, car c'est presque toujours à l'un d'eux qu'on confie la monte des animaux rétifs ou simplement fantasques, qui sauteront tel jour avec un entrain complet n'importe quel obstacle, et le refuseront invariablement le lendemain, préférant pénétrer dans le public ou retourner à l'écurie en franchissant les spectateurs groupés derrière les portes du manége.

Manière de rentrer à l'écurie servant à faire la preuve de la compressibilité de la foule.

Si le plus grand nombre des habituées du concours est aussi incapable de reconnaître les mérites d'un cavalier que d'apprécier les qualités de leur monture, il en est quelques-unes qui aiment le cheval pour lui-même et seraient parfaitement en mesure d'accomplir le parcours de la coupe si le prix, au lieu d'être couru en l'honneur des dames, pouvait l'être par elles.
— Cela viendra peut-être, et, pour ma part, je ne vois pas quelle raison l'on a d'interdire à tout un sexe un exercice fortifiant, qui, à tout prendre, n'est pas excessivement dangereux.
Le jour où l'interdit prononcé contre les amazones pour les courses d'obstacles aura été levé, les formalistes, qui reprochent au concours hippique de n'être qu'un cirque privilégié, auront beau jeu pour déclarer qu'il sera devenu une concurrence de l'Hippodrome. Quand cela serait, quel mal y aurait-il,

AU CONCOURS HIPPIQUE. — TYPES D'HABITUÉS.

et de quoi le gros public, qui ne saurait jamais trouver dans ces réunions qu'une distraction plus ou moins agréable, aurait-il à se plaindre? Sur cent personnes accumulées dans les tribunes, deux au moins, trois au plus, s'occupent des chevaux qu'on présente. Le reste cause de la pluie, du beau temps, du dernier scandale ou de la première représentation; on se croirait en visite! chez quelqu'un, par exemple, qui aurait eu la singulière idée de faire asseoir ses invités sur les marches de son escalier.

Au concours hippique. — Un coin du tribunal.

Quel préjudice causerait pareille innovation à MM. les gommeux qui paradent dans les couloirs, et s'obstinent à demeurer debout dans les couloirs qui donnent accès aux gradins? Cela les empêcherait-il de continuer à étudier les poses variées grâce auxquelles, et sous un apparent laisser-aller, ils cherchent à mettre en relief leurs avantages physiques? L'un s'enlève à la force du poignet; l'autre se penche de façon à mettre en évidence un pied microscopique; l'autre développe de puissants pectoraux. Tout cela est fort bien, mais un trop grand nombre ont une singulière façon de mettre en évidence l'élégance ou la puissance de leur tournure. Il y a des dames derrière vous, messieurs!

FIN DE LA PREMIÈRE PARTIE

DEUXIÈME PARTIE.

AU BOIS DE BOULOGNE.

DEUXIÈME PARTIE

AU BOIS DE BOULOGNE

CHAPITRE PREMIER. — LE BOIS LE MATIN.

Réflexions générales. — La saison. — La petite plage ou le club des panés. — Premiers cavaliers; MM. les officiers. — Préparatifs de cavalcades. — Mise en selle. — Paniers et charrettes. — Processions d'habitués. — A propos de bottes. — Groupes d'amazones.

Le paradis terrestre a laissé la réputation d'un jardin absolument exceptionnel, dont la succession a été selon moi recueillie par le bois de Boulogne. Les étrangers s'accordent pour constater que c'est la promenade incomparable, et qu'il n'y a pas en Europe de lieu de rendez-vous qui l'égale; quant aux Parisiens, qu'une curiosité exagérée a déterminés à quitter leur lieu de naissance pour visiter les capitales éloignées, ils reviennent tous à leur point de départ, convaincus de l'inutilité de leur déplacement.

Ni le Prater, ni Hyde-Park, ni le Prado, ni les Cascines n'offrent l'équivalent de ce que chacun de nous peut voir dans une promenade de deux heures aux alentours des Lacs ou dans l'avenue des Acacias, où tout ce qui possède à Paris une notoriété va faire à une heure quelconque de la journée une apparition plus ou moins longue.

Un provincial qui s'installerait à la barrière de l'avenue de l'Impératrice en compagnie d'un guide expérimenté, et se ferait désigner au passage les notabilités parisiennes, serait mieux renseigné à la fin de sa journée que bon nombre de Parisiens de naissance, déjà arrivés à un âge avancé, mais que le nombre et la gravité de leurs occupations ont toujours empêchés de dépasser l'obélisque.

Il n'y a pas, en effet, de jour de beau temps où cette porte privilégiée ne voie passer à pied, en voiture ou à cheval, le tout Paris, que la fortune, la naissance ou le talent mettent en évidence.

Les millions s'y succèdent en telle quantité, que leur totalisation devrait se chiffrer par milliards. Les ducs et les princes formeraient de leur côté un chiffre déjà respectable, et c'est par milliers qu'on pourrait compter les blasons de moindre importance. — Quant aux gens de talent qui suivent quotidiennement ce chemin battu de la célébrité, leur nombre est si considérable qu'on y trouverait certainement la monnaie de deux ou trois hommes de génie.

Si tel est le bilan moyen d'une journée quelconque favorisée par le baromètre, c'est bien autre chose au cours de la saison qui a, pour ainsi dire, monopolisé le privilége des cavalcades élégantes. Il s'agit de la courte période qui succède aux grandes chasses à courre et précède la lutte du grand prix, pendant laquelle tout le monde sportsman se trouve réuni à Paris.

Le matin au Bois. — La petite plage (entrée de l'avenue du Bois de Boulogne).

Les progrès des biens de la terre ont expulsé de province tous les châtelains amateurs de laisser-courre, et aucun des Parisiens invétérés n'est encore allé chercher aux eaux ou aux bains de mer la réparation des maux recueillis pendant l'hiver. Il en résulte que l'effectif élégant se trouve au complet, et que les allées du Bois deviennent trop étroites pour livrer passage aux cavaliers de tout âge, de tout sexe et de toute condition qui s'y amoncellent chaque matin.

La promenade n'y est plus possible qu'à la condition d'y être pratiquée aux allures les plus lentes et d'affecter une gravité processionnelle; mais elle gagne en tant que spectacle tout ce qu'elle perd en tant qu'exercice apéritif et sanitaire.

L'officier de semaine est seul assez matinal pour trouver au Bois un asile solitaire, et pour avoir terminé sa promenade à l'heure où le flot se précipite.

Il apparaît aux premiers rayons du jour, et rejoint l'avenue du Bois de Boulogne, après avoir traversé l'hippodrome d'Auteuil au moment précis où les premiers promeneurs laïques atteignent l'*allée des Poteaux*, ainsi nommée parce que, à une époque déjà reculée, des morceaux de bois porteurs de pancartes indicatrices servaient à remettre dans le vrai chemin le promeneur égaré, et désignée plus récemment sous le nom d'*allée des Potins,* par cette excellente raison que c'est sous ces ombrages que se répandent et s'ébruitent chaque matin les scandales de la veille et les nouvelles de la dernière nuit.

Si la première fois que vous allez voir une pièce, vous vous jetez dans les coulisses du théâtre, vous avez grande chance de rapporter à domicile une idée assez vague de l'ensemble du spectacle, surtout s'il s'agit d'une féerie, genre d'ouvrage dramatique qui me paraît s'adresser plus directement aux yeux qu'à l'intelligence. — Le défilé des cavaliers et des amazones constitue une représentation à peu près analogue; et, pour se rendre exactement

Au Bois le matin. — La contre-allée des cavaliers dans l'avenue de l'Impératrice.

compte de l'aspect qu'il présente, il est prudent de ne pas se mêler aux acteurs. — Je conseillerai donc aux nouveaux débarqués de faire à distance leurs études préliminaires, et de ne chercher à voir de plus près les acteurs de cette pantomime matinale, qu'après avoir recueilli quelques notions générales sur la composition de la troupe.

Un poste excellent pour le curieux désireux de s'adonner à cette observa-

tion préparatoire est l'endroit connu dans le monde des habitués du Bois sous le nom de *la petite plage,* vulgairement appelée *le club des panés.* — On désigne par ce double vocable la contre-allée de gauche, à l'entrée de l'avenue du Bois. — Ombragée par de fort beaux platanes, meublée par les soins de l'usine Tronchon de siéges confortables, à proximité de plusieurs lignes d'omnibus et de tramways, elle offre un asile frais et d'un accès aussi facile qu'économique aux amis platoniques du sport. — On peut là, sans fatigue et sans grande dépense, assister au défilé complet des sportsmen et des sportswomen du high-life, et le soir, si le hasard amène le nom de l'un d'eux dans la conversation, on peut, sans crainte d'être démenti, affirmer qu'on l'a vu le matin, montant un cheval de telle robe. Rien n'oblige d'ailleurs à ajouter qu'au lieu d'être soi-même assis sur le dos d'un pur sang aux jarrets d'acier, on était modestement installé sur un fauteuil dont les ressorts seuls étaient en droit de prétendre à l'élasticité de ce précieux métal.

Au moment où les arroseurs de la ville traînent à l'écart les serpents à roulettes, à l'aide desquels ils ont humecté la poussière de la chaussée et des contre-allées, le premier cavalier qui apparaisse est neuf fois sur dix revêtu d'un uniforme militaire.

Il faut être en effet investi de l'autorité indiscutée que la discipline et la hiérarchie accordent à un officier, pour songer à obtenir d'un subalterne qu'il se lève à cinq heures du matin pour donner l'avoine au cheval que l'on compte monter à sept. — Un particulier ayant quelque sagesse et quelque expérience des hommes d'écurie contemporains doit savoir que s'il émettait une prétention semblable, ses recommandations seraient parfaitement inutiles, et que son personnel abandonnerait incontinent le service d'un promeneur aussi matinal.

C'est vers huit heures qu'arrivent les premiers spécimens de la cavalerie civile : grooms et palefreniers conduisant vers le champignon du Bois ou

Le Bois le matin. L'allée des Poteaux, plus généralement connue sous le nom d'allée des Potins.

l'escalier de l'avenue les chevaux emmitouflés de leurs camails et de leurs couvertures qui viennent y attendre leurs propriétaires.

Ceux-ci, hommes ou femmes, appartiennent à la catégorie des véritables sybarites, pour lesquels le plaisir de leur chevauchée matinale serait trop chèrement payé par l'ennui de la traversée de Paris; gens sages, qui trouvent à juste titre que les rues pavées doivent être parcourues en voiture, non autrement, et que l'équitation n'est un véritable plaisir qu'autant qu'elle est pratiquée dans des conditions favorables; gens prudents, qui considèrent que rien n'est plus désagréable aux tibias impressionnables que le voisinage des moyeux d'omnibus ou des timons de tramways, et estiment que la possibilité d'une chute sur le trottoir enlève tout attrait à une promenade qui, en fin de compte, ne constitue pas un devoir obligatoire.

Il faut avoir été appelé à l'honneur d'accompagner une femme au Bois, pour bien savoir quel supplice le moindre trajet à Paris impose au cavalier qui s'est chargé d'une mission aussi délicate.

Sa vigilance doit être extrême, car il doit prévoir l'arrivée inopinée des tramways au tournant des rues, réprimer les attaques des chiens errants, repousser les avances des chevaux de trait en belle humeur, et empêcher les arroseurs d'exercer leur industrie au détriment de la toilette de sa compagne.

Chargé comme Argus de veiller sur un trésor, il faudrait avoir cent yeux pour le protéger d'une façon certaine contre les mille accidents possibles ; jugez quelle terreur il doit éprouver s'il est myope et s'il a conscience de sa responsabilité !

Au Bois le matin. — L'allée des Potins, promenade de famille; rentrent grand train, à cause du cours de solfège de la plus jeune, de la leçon de déclamation de l'aînée, et du bureau de ces messieurs.

A partir de neuf heures, le flot des cavaliers descendant vers le Bois devient torrentiel, et l'attention de l'observateur, que nous avons installé sur sa chaise à la petite plage, doit redoubler d'intensité, s'il veut reconnaître à leur passage toutes les notabilités qui défilent sous ses yeux.

Asseyons-nous à ses côtés, et tâchons de le seconder dans son examen.

La mode est décidément aux coudes en arrière.

Pour les hommes, auxquels cette attitude donne l'aspect de pigeons préparés en vue de la crapaudine, c'est franchement laid.

Quant au sexe aux pieds duquel en se précipitant M. Legouvé père s'est fait une réputation, il est permis de plaider les circonstances atténuantes. — La poitrine y gagne son complet développement, et le buste se dessine en une silhouette harmonieuse dont le passant fait son profit.

Voici, comme toujours, au nombre des premières arrivées, madame la duchesse d'***, — aussi complètement chez elle sur sa selle que dans son salon; elle fait aux cavaliers qui la croisent les honneurs du Bois, en leur laissant le passage libre par une volte ou un changement de main aussi facilement exécutés que le geste par lequel une maîtresse de maison indique un siége à un visiteur.

Ce groupe conjugal pourrait servir à démontrer une fois de plus la supériorité de la femme sur l'homme. Tandis que le mari, alourdi par les travaux de la veille, dodeline sur sa selle et cherche un appui soit en avant, soit en arrière, madame, reposée comme une femme qui a dansé pendant la meilleure moitié de la nuit, se tient droite et souple sur son élégante jument, qui détourne la tête pour éviter les caresses que cherche à lui prodiguer le lourd poney de monsieur.

Quand on voit plusieurs femmes de front arrivant trop vite, on peut parier qu'on va reconnaître quelques-unes de ces jolies figures, un peu trop brunes, dont l'Amérique du Sud égaye le quartier des Champs-Élysées. On galope

L'allée des Potins. — Conseil aux cavaliers qui accompagnent des amazones : si vos pupilles rencontrent d'autres amazones, opposez-vous énergiquement à la réunion des cavalcades. Si les agglomérations de ce genre font la joie des yeux du spectateur désintéressé, elles sont cause d'une telle quantité d'accidents, qu'un bon père de famille, tendre et prévoyant, doit absolument les interdire à ses filles.

fort et l'on jase tout haut, avec ce joli accent qui donne à leurs réunions le bruit d'une volière en ébullition. — Un bon conseil aux promeneurs qui croisent ces jolies escouades : faire large place, si l'on tient à éviter les ruades que distribue sans compter leur exubérante cavalerie.

Qui peut dire à distance si le cheval qui vient sur nous porte un homme ou une femme? Le chapeau à bords plats s'enfonce sur les cheveux coupés à l'ordonnance, et cependant les jambes sont toutes deux du côté gauche de la selle, ce qui semblerait indiquer que nous avons affaire à une amazone; — c'en est une, en effet, et des plus habiles. — Ceux qui ne la connaissent que de vue disent : « C'est l'Anglaise »; ceux qui savent quelle dresseuse exceptionnelle elle est, l'appellent Fanny, et la saluent d'un bonjour amical. A horreur de crotter son amazone, et la retrousse carrément dès que la pluie a détrempé les allées du Bois.

En dehors de cette crainte de la boue, n'a aucune des pusillanimités féminines; — sa bonne grosse cravache, qui devrait figurer comme elle sur la liste des membres de la Société protectrice des animaux, a peut-être corrigé autant de charretiers brutaux que de chevaux rétifs; — sait discerner le moment psychologique où, avec les uns et les autres, la poigne devient le seul argument efficace, et l'emploie sans hésitation.

Cette grosse dame qui s'avance fait partie de la catégorie de femmes auxquelles les agents de l'autorité ordonnaient de se disperser lorsque les rassemblements étaient interdits en vertu de l'état de siége (d'exécrable mémoire); a dépassé la cinquantaine; se fait escorter par tous les petits jeunes gens, à

AU BOIS LE MATIN. — DANS L'ALLÉE DES POTINS.

l'exception de ses fils, déjà trop âgés; trouve dans l'équitation l'emploi d'une activité devenue inutile, et cependant persistante. Cette variété d'amazones, d'une vue affligeante, constitue un groupe déjà nombreux, qui tend à s'accroître, en raison de l'inévitable marche du temps.

Si les générations préhistoriques nous présentent de hideux spécimens, le dédommagement nécessaire nous est fourni par les amazones de l'avenir, et nos neveux auront, eux aussi, de jolies têtes à admirer.

Elles s'exercent sous la surveillance d'un écuyer à tenue et à principes sévères, qui les force — incroyable cruauté — à quitter de temps à autre le galop pour le trot, et va même jusqu'à les contraindre quelquefois de marcher au pas.

Cette triste amazone appartient au genre : veuve d'un colonel, — variété mélancolique et solitaire; — erre aux petites allures dans les allées écartées; — de mémoire de garde, n'a jamais été vue accompagnée, et ne salue personne. — Coco, qui paraît être un des derniers produits du haras de Saint-Cloud, supprimé en même temps que la monarchie constitutionnelle, est aussi peu communicatif, et n'a jamais salué ni d'un hennissement ni d'un mouvement de tête le passage d'un quadrupède.

Voici venir l'un des derniers spécimens du chapeau à bords rigoureusement plats : n'apparaît dans l'allée des poteaux qu'après la clôture des chasses, et a toujours l'air d'écouter aux chiens; siffle un bien aller quand il galope dans les allées peu fréquentées, et file instinctivement à plein train dans la direction du Jardin d'acclimatation aussitôt que les toutous de Geoffroy Saint-Hilaire font du tapage.

Ces deux gentlemen ont été mis en selle avant d'avoir appris à marcher; ils ignorent peut-être encore ce dernier mode de locomotion, car on ne les

AU BOIS LE MATIN. — TYPES D'HABITUÉS

rencontre jamais à pied ; montent le matin et l'après-midi au printemps ; pendant l'été, le matin, l'après-midi et le soir. Le frère aîné semble sentir les premiers symptômes de la fatigue résultant d'un pareil régime, et commence à se voûter ; mais le cadet résiste, et fait régulièrement trois fois plus de chemin que les autres promeneurs, à raison de la nécessité où il est de dire un mot à chacun des innombrables amis et amies qu'il croise ou dépasse à chaque instant.

Ce cavalier affairé qui trotte constamment, va, vient, retourne, regarde avec persistance chaque groupe où flotte une jupe, est le célèbre M. Mac Aron.

Il fait trois cents mètres avec l'une, cent cinquante avec l'autre, sept avec une troisième : après quoi il vire de bord, rattrape précipitamment un groupe qu'il a croisé cinq minutes auparavant, échange dix paroles, regarde sa montre, et fuit de toute la vitesse de ses propres jambes, qui exécutent sur les flancs de sa monture un tambourinage inégal, mais incessant, et de celles de son cheval, dans la direction de l'Arc de triomphe.

Quand celui-ci n'a pas fait à neuf heures battant son apparition à l'entrée de l'avenue de l'Impératrice, on peut parier qu'il s'est passé dans sa vie quelque grave événement. S'il est le moins gommeux de tous les sportsmen, il est certainement le plus sportsman des humains.

Quitte sa selle pour le fleuret, et le plastron pour l'escarpin; considère comme perdue toute journée qui n'a pas eu sa promenade, son assaut et son bal. C'est le Titus de la gymnastique; adore Paris, qui le lui rend bien.

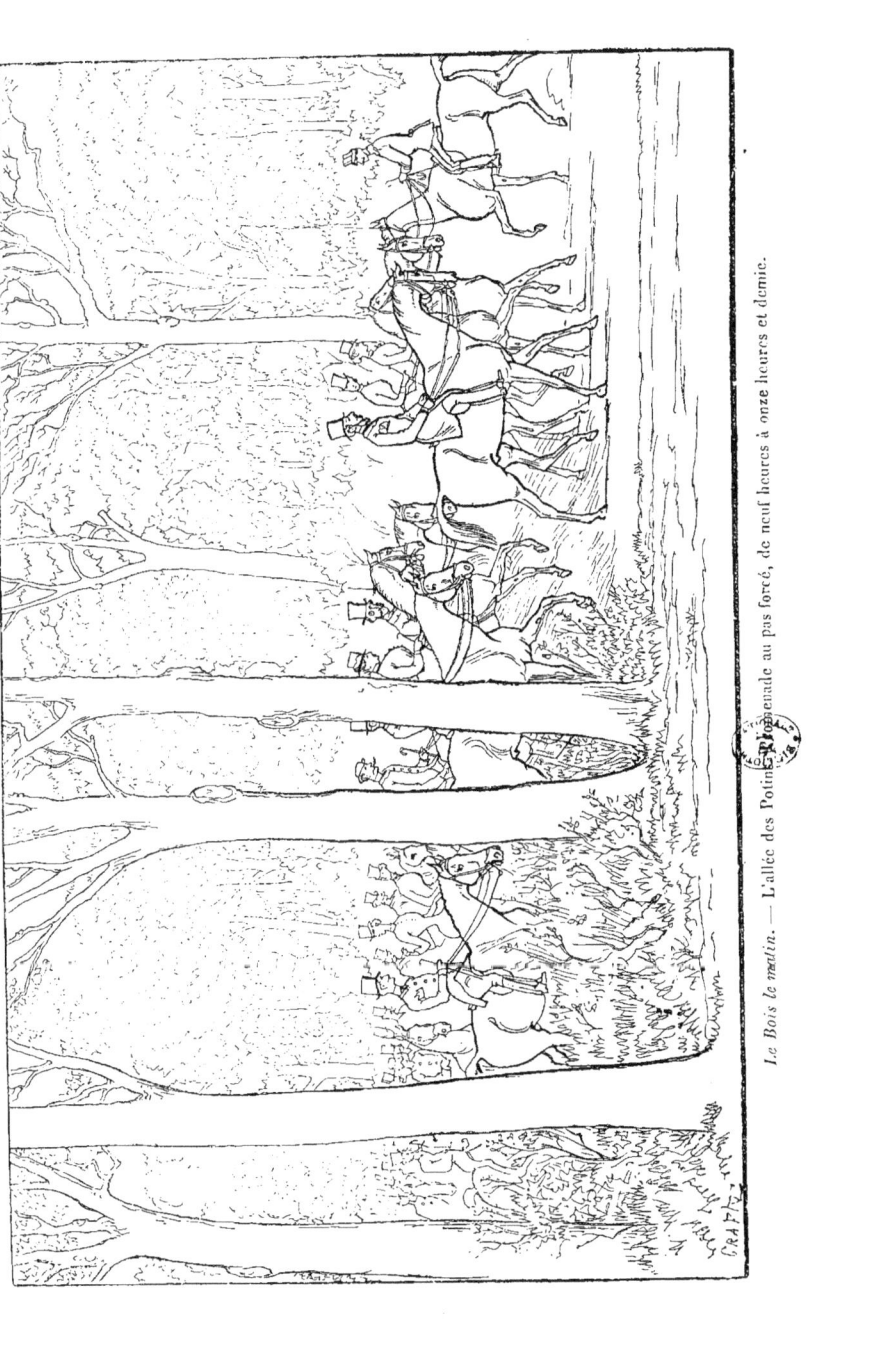

Le Bois le matin. — L'allée des Potins. Promenade au pas forcé, de neuf heures à onze heures et demie.

Le Bois le matin. — La petite piste, ou le rendez-vous des fantassins curieux d'assister aux mésaventures des cavaliers.

Ce jeune père qui surveille son fils avec la sollicitude d'une couveuse, emploie l'équitation comme stimulant pédagogique. Quel excellent moyen d'obtenir d'un écolier un peu d'application que de pouvoir lui dire : « Si tu n'apprends pas tes racines grecques, au lieu de te faire monter *Rabagas*, je te laisse sur les genoux de l'Université pendant huit jours. »

Pendant que les cavaliers se succèdent à rangs pressés sur le bas côté de gauche, les charrettes anglaises et les paniers attelés de poneys microscopiques et conduits par les mains délicates des plus jolies femmes de Paris descendent au petit trot la chaussée du milieu.

Les habitantes de ces légers véhicules forment la grande confrérie des paresseuses, qui se divise en deux catégories :

Les indépendantes, presque toujours seules, accompagnées seulement d'un ou plusieurs chiens, et les jeunes mariées, dont le poney a la surcharge de leur maître et seigneur.

Rien d'amusant à voir comme ces réductions d'équipages, la plupart excessivement soignés, véritables jouets d'enfants par la dimension et par le plaisir qu'ils donnent à leurs conductrices.

Le cart à deux roues en bois verni, traîné par un cheval à l'état embryonnaire, est plus particulièrement employé par les personnes habituées à donner des preuves d'indépendance, qui ont soin de n'emmener aucun groom.

Excellent véhicule pour celles qui ont des explications à demander aux cavaliers isolés, et ne veulent pas initier leur livrée à certaines conférences quotidiennes, mais secrètes.

Le Bois le matin. — C'est l'heure réservée aux femmes qui veulent conduire. Les timides se contentent du classique poney ; de plus braves en attellent deux. Celles qui ne doutent de rien conduisent à quatre, et, pour être juste, il faut reconnaître qu'il en est jusqu'à trois qui s'en tirent à leur honneur.

Les jeunes mères de famille ont une préférence marquée pour le poney-chaise, qui leur permet d'emmener, à défaut de leur mari, un ou plusieurs de leurs héritiers.

C'est la seule voiture déjà sérieuse qu'il soit agréable de voir conduire à une femme : elle y est assise et non juchée; deux poneys assez vifs pour qu'elle ait à laisser deviner son adresse, et assez légers de bouche et d'allures pour qu'on ne sente pas le travail des mains et des bras; il y a

alors proportion entre l'attelage et les forces qu'on suppose à une femme. J'en ai vu qui menaient, et très-adroitement, à quatre; mais cela faisait l'effet d'un tour de force, quelque chose d'équivalent à la manie qu'avait une dame très-remarquée l'hiver dernier, de se promener sur des trapèzes en tenant son mari du bout des dents. C'est fort, assurément, mais laborieux.

Deux endroits à surveiller d'un œil attentif sont l'escalier situé dans la circonférence sablée qu'on voit à droite de l'entrée de l'avenue du Bois, et celui placé sous le champignon qui fait face à l'entrée de l'avenue des Poteaux. C'est là qu'a lieu la mise en selle de la plupart des amazones, et le spectacle mérite d'être minutieusement observé.

L'opération qui consiste à mettre une femme à cheval est des plus simples. On offre la main gauche, et l'on tend la jambe pour servir de marchepied. Si la femme est agile, c'est suffisant ; si elle est lourde ou simplement peu habituée à ce genre d'ascension, on prend le pied de la main droite, et l'on enlève.

C'est, comme vous voyez, l'affaire d'un tour de main. Mais que de nuances dans l'exécution de ce mouvement, selon le degré d'intimité des acteurs ! Tous les sentiments peuvent s'exprimer dans l'accomplissement de cet acte d'obligeance, depuis le plus profond respect jusqu'au paroxysme de la passion la plus exaltée, et je sais des femmes à ne pas redouter le tête-à-tête le plus prolongé, qui n'accepteraient pour se mettre en selle le secours d'aucun autre homme que leur frère ou leur mari.

Lorsque l'on voit le pied, la jambe se devine, et les gens malintentionnés prétendent qu'elles n'auraient rien à gagner à pareille divulgation : c'est pure

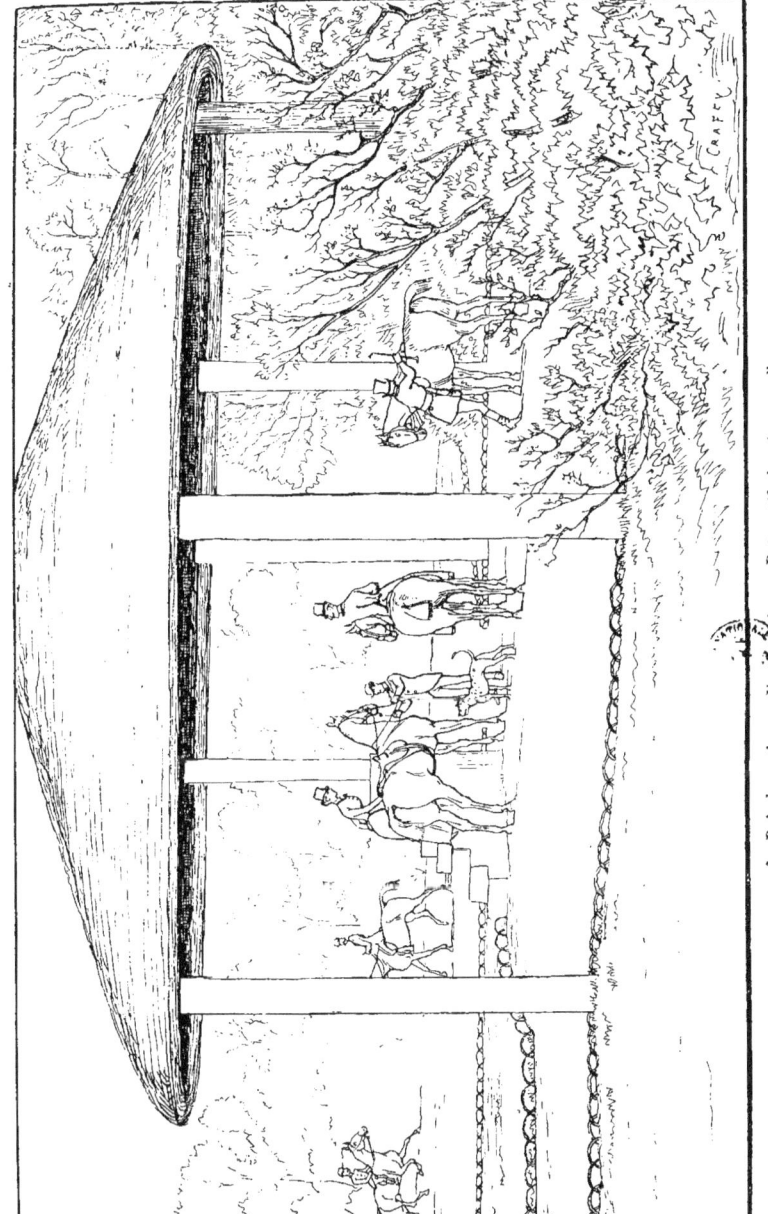

Au Bois le matin. — Un champignon. Préparatifs de mise en selle.

AU BOIS LE MATIN. — ESCALIERS ET CHAMPIGNONS.

calomnie, et la vérité est qu'elles ont eu affaire à des cavaliers qui poussaient la maladresse jusqu'à l'audace ; et voyez l'embarras d'une malheureuse personne obligée de formuler entre ciel et terre un rappel à l'ordre à l'impertinent qui lui sert de point d'appui, c'est comme une statue qui serait en mésintelligence avec son piédestal. Si elle le rudoie, elle s'écroule, et si elle se tait, elle paraît consentir... Le plus sage est donc de n'avoir recours qu'à des marchepieds de confiance, parents ou alliés à un titre quelconque, à l'abri des tentations et des entraînements regrettables qu'engendre parfois la curiosité.

Mise en selle. — Une des mille et une raisons pour lesquelles les femmes qui pèsent plus de cinquante kilos doivent renoncer à l'équitation.

Puisque nous nous trouvons sous un champignon, dont la prévoyante édification démontre que notre climat n'est pas exempt des intempéries soudaines, examinons les conditions déplorables dans lesquelles se trouve une femme surprise par une averse pendant sa promenade à cheval.

N'ayant pas de collet à relever pour se préserver, l'eau découle goutte à goutte des bords du chapeau dans le col. Le col de la chemise, rapidement détrempé, donne à la peau une impression froide et gluante absolument insupportable, qui gagne peu à peu les épaules et la poitrine, et finit par causer un malaise général, accompagné de frissons, premiers symptômes de la fâcheuse pleurésie ou de la cruelle fluxion de poitrine.

Quel moyen d'éviter ces maux ? Prendre un parapluie, dit la sagesse. Plutôt la mort que le ridicule, répond l'amour-propre.

On a beaucoup discuté si se servir d'un parapluie à cheval était le comble du chic, ou « absolument ridicule ». On s'est prononcé pour le ridicule, en France seulement, bien entendu, car ailleurs tout le monde s'en sert. Donc, à Paris nul n'ose arborer ce meuble si utile, qui a conquis pourtant sa place dans notre histoire.

Un seul cavalier, bravant le préjugé, ouvre son parapluie lorsqu'il en a envie ; celui-là est le meilleur cavalier de Paris ; mais malgré tout, son exemple n'a jamais été suivi, et c'est un tort, car il est incompréhensible qu'on accepte à cheval ce qu'on ne supporterait pas à pied.

Beaucoup de femmes montent avec des ombrelles lorsque le soleil est ardent ; pourquoi les mêmes femmes ne se servent-elles pas d'un parapluie lorsqu'elles sortent par un temps incertain ou menaçant ? Mystère et contradiction.

Au Bois le matin. — Une averse.

Le Bois le matin. — La vacherie du Pré-Catelan. — Le plus grand nombre des cavaliers du matin sont des amateurs de plaisirs champêtres, dont la boisson favorite est tout indiquée : lait chaud matin et soir.

Le Bois le matin. — Madrid. — Ceux des promeneurs qui trouvent le régime du laitage trop débilitant vont chercher à Madrid des rafraîchissements plus toniques. Propriétaires de trotteurs pour la plupart, venant de courir quelque match, et désireux de réparer séance tenante les forces qu'ils viennent de dépenser.

Au Bois le matin. — Le carrefour de l'infortuné Catelan transformé en salon matinal par les notabilités de la haute gomme.

Une fois arrivés au Bois, la plupart des cavaliers enfilent l'avenue des Poteaux, manœuvre qui rend impossible la continuation du parallélisme qui existait entre eux et les hôtes des voitures à poneys pendant toute la longueur de l'avenue de l'Impératrice.

Ceux de ces derniers ou celles de ces dernières qui trouvent que l'examen qu'ils ou elles ont pu faire pendant cette première apparition n'est pas suffisant, vont alors se ranger à l'intersection formée par l'allée cavalière et la route qui rejoint les lacs au carrefour illustré par le monument élevé à la mémoire de l'infortuné Catelan.

La place est admirablement choisie. Les arbres en futaie laissent à cet endroit la vue parfaitement libre, et l'ombre fournie par leur feuillage donne aux yeux un repos nécessaire après la traversée des régions sahariennes comprises entre l'Arc de triomphe et le pavillon japonais. Comme tous les habitants du Bois se connaissent peu ou beaucoup, on cause, on regarde, on rit. C'est un véritable salon en plein air, et qui a sur les salons clos l'avantage qu'on ne vous y offre pas de thé.

Les groupes les plus animés se forment sous la ramée; la conversation s'établit de voiture à voiture, et les cavaliers s'arrêtent un instant pour saluer celle-ci ou serrer la main de celui-là. Beaucoup descendent de voiture, les unes pour cueillir les premières violettes, les autres pour se dégourdir simplement les jambes et voir de plus près le flot des cavaliers que leur nombre toujours croissant oblige à défiler au pas

AU BOIS LE MATIN. — ÉTUDE SUR LE MANIEMENT DU PARAPLUIE.

Le parapluie serait un meuble aussi précieux pour le cavalier que pour le piéton, si les mouvements qu'on fait pour l'ouvrir n'inquiétaient pas la majorité des chevaux.

Il en résulte qu'aux premiers bruissements de la soie, le cheval se remet en mouvement.

Et que le parapluie à peine entr'ouvert se retourne sur la tête de l'imprudent qui a tenté de s'en servir.

Le cavalier, pour éviter un emballage sérieux, abandonne alors l'instrument protecteur.

S'il s'aventure à le ramasser, il éprouve les plus grandes difficultés à se remettre en selle, et se trouve souvent dans cette triste situation, ou d'abandonner un meuble auquel il tient, ou de revenir à pied à côté d'un cheval qui manifeste à chaque pas une terreur que rien ne calme.

AU BOIS LE MATIN. — A PROPOS DE BOTTES.

AU BOIS LE MATIN. — A PROPOS DE BOTTES.

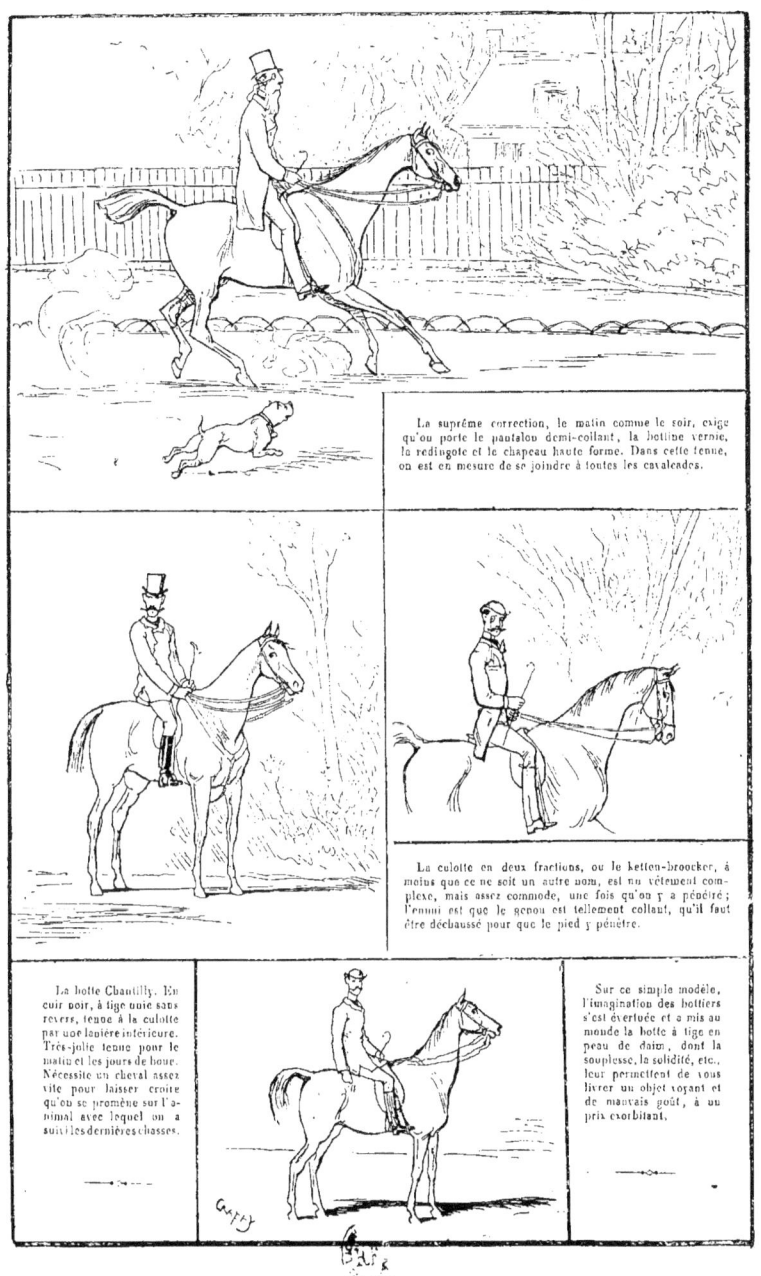

C'est une véritable petite bourse aux politesses, et il s'y fait plus d'affaires de galanterie que sur aucun autre marché. Bon nombre des gros drames de la vie parisienne ont eu là leur prologue, et plus d'un des habitués de ce

petit coin privilégié, qui vient y prendre les ordres de telle jolie femme, peut répéter après Musset ces vers d'une de ses romances les plus cavalières :

> Et si par hasard on s'enquête
> Qui m'a valu telle conquête,
> C'est l'allure de mon cheval,
> Un compliment sur sa mantille,
> Et des bonbons à la vanille
> Par un beau soir de carnaval.

Jusqu'à onze heures, le nombre des figurants augmente dans une proportion toujours ascendante, et il arrive un moment où l'on se trouve contraint de marcher à la queue leu leu, botte à botte, ou jupe contre *liggins*. A peine est-on arrivé à ce comble de l'encombrement que tout le monde tourne bride en même temps, comme si un mot d'ordre instantané et général, auquel personne n'aurait le droit de se soustraire, avait été donné par une autorité supérieure et indiscutable. Ce mot d'ordre, que nulle bouche ne prononce, est donné par l'estomac, et si impérativement, que personne n'y résiste.

Le courant, qui tout à l'heure se répandait de l'est à l'ouest, remonte brusquement vers sa source, et cet amoncellement de cavaliers, d'amazones, de cochers mâles et féminins, que le flux avait mis plus de trois heures à conduire au centre du Bois, est remporté en moins d'une demi-heure.

A midi, il n'y a plus une âme dans ces allées encombrées tout à l'heure. Le premier acte de la pièce est joué ; les acteurs ont disparu, laissant le décor vide, et profitant de l'entr'acte pour aller réparer leurs forces et changer de costume.

CHAPITRE II. — LE BOIS L'APRÈS-MIDI.

Le persil; son origine; en quoi il consiste. — Tout petits crevés. — Promenades d'apparat, le vrai et le faux chic. — Quelques équipages de grand style. — Coupés au mois et locatis. — Cavaliers du soir. — Joueurs de polo. — Pendant les grands froids. — Traîneaux et traînés. — Promenades des manéges. — Les NOCES DU SAMEDI.

On a donné à la promenade de l'après-midi le nom de *Persil*, et l'on désigne l'action de s'y rendre par la locution : *faire son persil*. Les étymologistes, consultés au sujet de cette locution, se sont trouvés naturellement en désaccord sur son origine : selon les uns, il faudrait remonter aux époques les plus reculées pour en trouver l'explication, et fouiller dans les habitudes des courtisanes de l'antiquité pour en saisir le véritable sens : ceux-là sont les classiques.

D'autres philologues, qui appartiennent à l'école naturaliste, prétendent qu'il n'est pas nécessaire de chercher si loin le sens d'une métaphore absolument moderne. — Quel rôle le persil joue-t-il dans l'alimentation? Celui de condiment. — Qu'est-ce qu'un condiment? Une façon d'apéritif. — Or, le but primitif de la promenade de l'avant-dînée n'est-il pas d'ouvrir l'appétit de ceux qui la font? — Tel est le raisonnement de cette seconde catégorie d'étymologistes, que je soumets au lecteur en lui laissant toute liberté pour prononcer entre les deux opinions en présence.

Quelle que soit d'ailleurs l'origine du terme le plus habituellement employé pour désigner la promenade que le plus grand nombre des élégants parisiens se croient obligés de faire quotidiennement au Bois, voici en quoi elle consiste.

La jeunesse (et par ce mot j'entends les gens de tout sexe et de tout âge assez indépendants pour ne faire que ce qui leur convient) se réunit sur la rive gauche du premier lac, où elle monte une faction dont la durée varie de une heure à une heure et demie. Cette faction se fait au pas, en raison du grand nombre de voitures accumulées sur ce point, et dans une immobilité et un silence absolus. — L'immobilité des gens qui prennent part à cette exhibition régulière n'est pas, que je croie, obligatoire, mais elle existe, et je dois la constater pour rester un historiographe fidèle : elle doit tenir à la crainte, éprouvée par chacun des comparses qui y figurent, de déranger par un mouvement quelconque l'économie d'une toilette et d'une attitude longuement et savamment étudiées. — Quant au silence monastique rigoureusement observé par les promeneurs, je suppose qu'il résulte de ceci : à savoir, qu'ils n'ont rien de nouveau à se dire.

Cette agglomération de muets immobiles constitue la majorité des viveurs parisiens. — Toutes les belles petites, toutes les demi-mondaines y viennent

Le Bois l'après-midi. — Le persil du tour du Lac, côté des jeunes.

Au Bois l'après-midi. — Au persil du tour du Lac.

à la queue leu leu faire admirer la noblesse de leur attitude, et tous les étourneaux nantis de conseils judiciaires y font voir de quelle gravité ils sont capables. Tous ont l'air d'avoir à cœur de montrer de quel ennui on peut être affligé quand on n'a pas d'autre occupation que la recherche du plaisir, et quelle mélancolie engendre la libre satisfaction de toutes les fantaisies. — Les saluts qui s'échangent de voiture à voiture consistent en un hochement de tête, un signe quelconque de la main, voire une inclinaison du fouet; mais il semble que les chapeaux masculins soient indissolublement fixés aux têtes qui les supportent.

Salut de gommeux à gommeux.

Salut de gommeux à gommeuse.

Cette mode de saluer sans saluer, d'être poli sans l'être, pratiquée par les petits jeunes, est insupportable aux survivants de la génération précédente, qui avaient le tort de croire que le chic et la politesse pouvaient marcher de compagnie. Il paraît qu'ils se trompaient, et qu'il n'y a rien de plus perruque, de plus vieux jeu, que d'aborder une femme le chapeau à la main, ou de saluer pour de bon un homme plus âgé qu'on ne l'est soi-même. — On interpelle tout haut la femme, en ayant soin de faire sonner son titre si elle en a un; mais on l'aborde la tête couverte, comme s'il s'agissait de serrer la main à un vieux camarade. Quant aux hommes plus âgés qu'on rencontre, on se contente de leur faire de la main un petit signe de connaissance aussi ridicule que disgracieux. — Gavarni nous a dépeint les enfants terribles; quand Grévin nous donnera-t-il la série des gamins grotesques, aspirants gommeux, gandins embryonnaires qui encombrent les endroits publics de leurs personnes étiolées, et désolent le regard du spectacle de leur croissance arrêtée par des excès anticipés?

Société anonyme à capital limité, à l'effet d'obtenir un luxe modeste, mais collectif.

Mais laissons ces avortons outrecuidants promener leur chic économique dans des victorias désarticulées louées à trois pour la demi-journée, et chercher à frapper d'admiration par leurs vestons étriqués et leur luxe par association les quelques vieilles dames qui s'obstinent à croire que la galanterie française disparaîtrait, si elles prenaient la retraite à laquelle la quantité et la durée de leurs services leur ont donné tant de droits; au surplus, le spectacle des misérables locatis qui voiturent la plupart d'entre eux n'a rien d'attrayant, et gagnons par les voies directes l'avenue des Acacias. Aussi bien est-ce là que nous avons la chance de rencontrer ce que Paris renferme

Le Bois l'après-midi. — Au réveil des jeunes. — L'embuscade d'Interlaken.

encore d'équipages bien attelés, de voitures de haut style, et de beaux chevaux d'attelage.

Autrefois, le tour du Lac avait le monopole de retenir la foule à l'heure du persil, et les grandes demi-mondaines, celles dont on cite les attelages et les livrées, étaient seules à se risquer dans le milieu aristocratique qui se réunissait là. — Depuis, la prospérité publique allant croissant, et le nombre des fortunes moyennes augmentant chaque jour, on a dû renoncer à savoir le chiffre des gens ayant leur voiture : celui des belles petites désireuses de participer à cette promenade quotidienne a tout naturellement suivi la même proportion ; et il en est résulté un encombrement tel, et en même temps un tel envahissement de l'élément irrégulier, que la place n'a plus été tenable pour les gens sérieux.

Ceux-ci ont alors cherché un autre endroit du Bois où ils fussent moins mêlés au monde interlope, et où ils pussent au besoin conduire leurs filles, sans être exposés à rouler bord à bord pendant une heure avec une demoiselle Catincka quelconque. L'avenue des Acacias, la plus longue, la plus large et la plus ombragée de toutes les allées du Bois, réunissait toutes les conditions désirables. On l'adopta d'enthousiasme, et à l'heure qu'il est, elle sert de refuge régulier aux personnages sérieux altérés de grand air, mais peu soucieux de le partager avec les étoiles de vingt-cinquième ordre de théâtres de la dernière catégorie.

Est-ce à dire que les femmes qui suivent la longue avenue, mollement bercées dans leurs calèches à huit ressorts, n'y soient admises que sur présentation de leur contrat de mariage, et qu'on les en exclue si cette pièce notariée se trouve par aventure le moins du monde contaminée? Non certes, y vient et s'y promène qui veut. Mais la loi naturelle qui fait que les individus de même espèce se groupent et vivent en société, s'est appliquée tout naturellement dans cette circonstance. — Le triage s'est opéré de lui-même, et les uns ont continué d'aller à gauche, tandis que les autres se sont instinctivement dirigés à droite, et l'ancienne réunion s'est trouvée reconstituée dans un autre lieu de rendez-vous, après avoir abandonné l'ancien aux nouvelles couches.

C'est à l'avenue des Acacias qu'on voit les vraies voitures de femmes. — En tête de cette série, il convient de placer la calèche à huit ressorts, qui reste ce qu'on a trouvé de mieux pour la promenade de l'après-midi. — Son grand tort, au point de vue économique, est qu'elle exige, en dehors d'une paire de grands chevaux très-brillants d'action, un personnel trié sur le volet : cocher émérite et valet de pied sachant porter la livrée. —

Une calèche en 1830.

En 1830, et même un peu plus tard, la mode voulait qu'on y fût en compagnie : le chic aujourd'hui est d'y figurer seule, ensevelie sous les fourrures. — Les femmes qui veulent absolument être vues, arborent la peau d'ours blanc. — C'est une faute, d'abord parce que c'est laid et voyant, ensuite parce que c'est un pétard inutile. Si compacte que soit une foule, on voit toujours un équipage de cet ordre, et c'est une sottise de montrer qu'on veut être regardée quand on est sûre de l'être.

Le coupé huit ressorts, aussi élégant, a l'avantage d'être chaud, et plus favorable aux beautés chancelantes. — Le demi-jour qu'il est facile d'y maintenir vaut celui du boudoir le mieux organisé, et nous en savons qui sont soumis à de véritables assauts, aussitôt qu'ils s'arrêtent au bord de la chaussée des piétons, dont les habitantes seraient certainement moins entourées si elles avaient affronté la grande lumière de la voiture découverte.

Que la victoria soit attelée d'un cheval ou de deux chevaux, qu'elle soit à pincettes ou à huit ressorts, qu'elle soit allongée à l'excès ou coupée à angles droits, elle reste toujours la voiture de l'homme d'affaires, pressé d'arriver à heure fixe. — Le peu d'espace qu'elle occupe lui permet souvent d'avancer là où une grande calèche serait obligée de s'arrêter, et c'est sans doute à cette facilité qu'elle a de se mouvoir qu'il faut attribuer le succès qu'elle conserve auprès de toute une catégorie de jolies femmes, aussi affairées que le boursier le plus ardent à la poursuite des occasions de spéculation. —

Très-excellent véhicule pour rattraper et côtoyer les phaétons et les ducs conduits par les célibataires, elle permet de lancer au passage un mot ou un geste qui fixe une heure et indique un endroit où se rencontrer. — Les voitures marchent roues contre roues le temps nécessaire pour l'échange des renseignements indispensables, et le cocher n'a pas besoin d'un ordre pour ralentir ou activer le train quand la conférence est terminée, puisqu'il a tout entendu.

Une voiture dans laquelle une femme élégante a le droit de se montrer est le grand phaéton huit ressorts; elle y fait très-bon effet une fois installée, mais l'ascension et la descente ne s'opèrent pas toujours facilement, et comme en outre elle ne saurait y figurer que conduite par son mari, il faut encore qu'elle ait dans les talents de celui-ci une confiance qui se perd généralement après un très-petit nombre d'années de mariage, pour ne se retrouver jamais.

— Toutes ces raisons accumulées font que si vous voyez venir à vous un phaéton dont le conducteur est accompagné d'une femme, vous pouvez de confiance préparer votre monocle. La femme est plus que probablement jolie, et elle est certainement jeune.

Le tout jeune ménage se risque parfois dans des voitures qui devraient être exclusivement réservées aux célibataires, telles que spyders et petits phaétons. Monsieur traite sa femme en camarade, et trouve que ce qui est bien pour lui doit l'être pour elle. Ne craignez pas qu'il persiste dans cette erreur; il changera de manière de voir et d'atteler au premier enfant.

Les hommes qui fréquentent habituellement le persil des Acacias n'attellent pas d'une façon moins correcte que les femmes qui en sont les promeneuses assidues; celles-ci s'y sentent assez chez elles pour descendre de voiture et faire quelques pas sur la chaussée latérale, ce qu'elles n'oseraient jamais risquer

autour du Lac, et si le hasard de la rencontre, prémédité ou non, les met en présence d'un ami sympathique, la promenade dégénère en causerie qui en rompt la mélancolie.

Le Bois l'après-midi. — Le perail de l'avenue des Acacias, ou le dernier refuge des gens sérieux.

Quelques cavaliers auxquels la promenade du matin ne suffit pas, remontent à cheval dans l'après-midi. — Ils sont peu nombreux.

Les joueurs de polo, en se réunissant plusieurs jours par semaine dans l'enceinte du Cercle des patineurs à l'heure du persil, se chargent d'offrir aux promeneuses un spectacle suffisamment attrayant pour leur faire quitter leurs voitures.

La grille qui forme l'enceinte est assez légère et assez basse pour leur permettre de suivre facilement les péripéties et les incidents de la partie, et elles en profitent.

Pour jouer au polo, il faut posséder trois choses : un costume assez laid, semblable à celui des canotiers anglais, un poney, et un maillet construit comme ceux dont on se sert pour le crocket. Le costume, rayé noir ou rouge sur fond blanc, est en tricot, de façon à résister aux mouvements les plus violents. Le poney, très-petit, doit avoir les jambes assez sûres et le caractère assez docile pour exécuter immédiatement tous les changements de direction que son cavalier lui demande. Quant au maillet, il doit être assez solide pour ne pas se briser quand, au lieu de rencontrer la boule qu'on poursuit, il vient à rencontrer un objet plus résistant : le crâne de l'un des joueurs, par exemple !

Ce jeu, qui demande encore à ceux qui le cultivent une véritable adresse, est fertile en incidents : la poursuite acharnée, à laquelle se livrent les deux camps en présence, d'une boule toujours en mouvement, offre mieux qu'aucune petite guerre le simulacre d'une bataille.

A tout moment les deux partis se trouvent confondus, les coups de maillet tombent dru comme grêle, et, bien que tous soient uniformément destinés à la boule, qu'il s'agit de ramener dans son camp, plusieurs se trompent de destination. Aussi n'est-il pas rare de voir l'un des concurrents s'éloigner du théâtre de la lutte le nez enveloppé de son mouchoir. Les horions qu'on est exposé à recevoir constituent le grand attrait du polo, aussi bien que les chances de culbutes doublent l'intérêt des steeple-chases.

Au Bois l'après-midi — Une partie de polo.

En dehors des joueurs de polo, qui ne font guère que traverser le Bois en allant et en revenant du Cercle des patineurs, les cavaliers sont peu nombreux pendant l'après-midi. Il en est cependant quelques-uns auxquels la promenade du matin ne suffit pas, et qui remontent à cheval avant leur dîner. Mais ils sont rares. Outre que peu de gens ont une cavalerie assez considérable pour ce double service, l'exercice pris le matin paraît suffisant à beaucoup.

En dehors de ces rares récidivistes, la plupart des cavaliers du soir forment une catégorie spéciale; beaucoup plus amateurs de jolies femmes que d'équitation, ils viennent autant pour voir que pour se montrer, et sont sûrs, grâce à leur petit nombre, de ne pouvoir passer inaperçus.

Si la fantaisie la plus complète préside au choix des costumes adoptés par les cavaliers du matin, le cavalier du soir est obligé à une correction absolue; plus de petits chapeaux, plus de vestons, plus de houseaux. — La redingote classique, le chapeau haute forme, et le pantalon foncé retombant sur la botte vernie, telle est la tenue de rigueur, au moins pour l'avenue des Acacias; on est un peu plus tolérant au bord du lac, où l'apparition d'un veston ne fait pas événement.

Tel est l'aspect quotidien du persil grave et du persil badin.

A certains jours, de nouveaux éléments s'y joignent périodiquement.

Le jeudi, ce sont les promenades en masse des élèves des manéges qui font irruption sur les bas côtés réservés aux cavaliers.

Le samedi, ce sont les noces, dont les étranges cortéges encombrent les chaussées de leurs interminables files de landaus remontant aux époques antédiluviennes de la carrosserie, et de chevaux apocalyptiques.

Le dimanche, c'est une autre affaire. — Il n'y a plus de persil, tout est confondu dans un encombrement dont l'élément fantassin constitue le fonds; et à moins qu'il n'y ait quelque retour de courses, cette foule de curieux venus pour voir le spectacle des grands équipages assiste à un interminable défilé de fiacres parsemé de quelques tapissières commerciales. — Admi-

Le Bois l'après-midi. — La promenade du jeudi. — Chevaux de manège et lycéens.

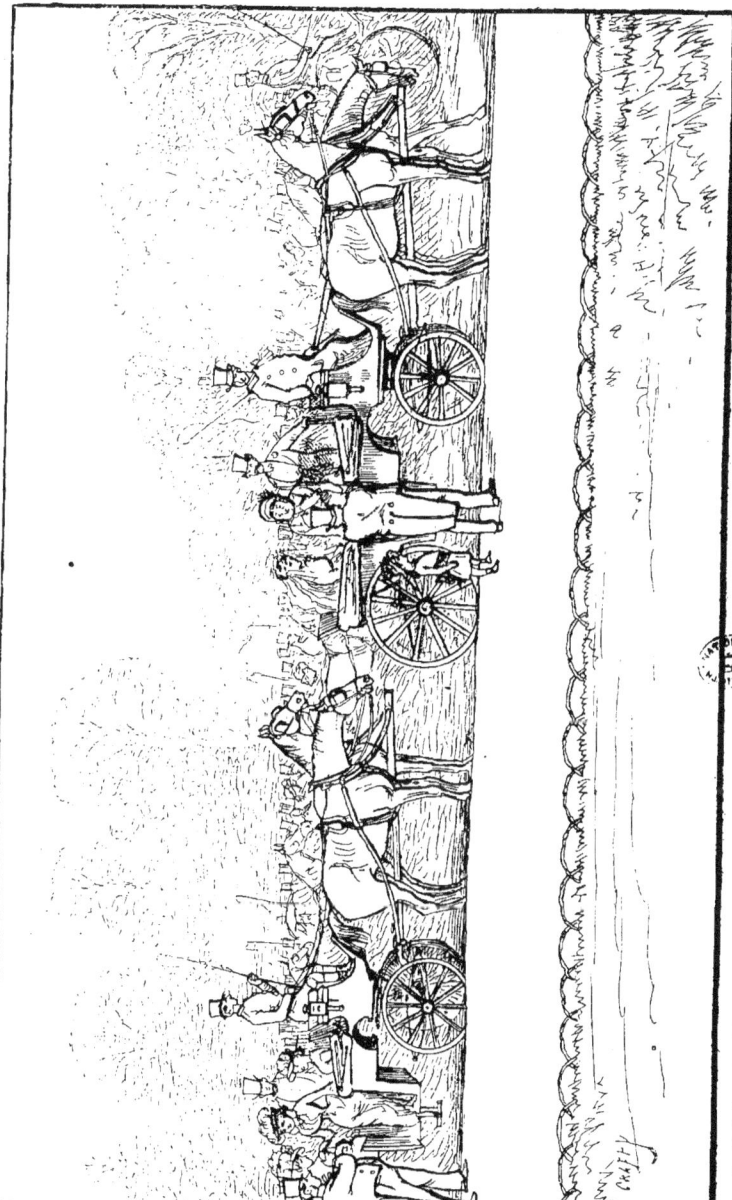

Le Bois l'après-midi. — *Les noces du samedi.* — Pourquoi, sur quinze noces qui exécutent cette promenade solennelle, y en a-t-il quatorze qui comptent parmi leurs acteurs une petite fille que la mariée embrasse frénétiquement?

rable spectacle dont je ne conteste pas l'intérêt, mais qui ne saurait donner à ceux qui le contemplent une idée vraiment juste de la façon dont attellent nos principaux millionnaires.

Pendant l'hiver, il arrive quelquefois que la température s'abaisse suffisamment pour permettre aux Parisiens de s'adonner aux douceurs du traînage. Ce fait exceptionnel se produit rarement, mais enfin il se produit.

Le Bois prend alors, à quelques loups près, toutes les apparences d'une petite succursale de la Russie. Même froid, même épaisseur de neige, même quantité de nez en détresse, même genre d'attelages. Outre que le traîneau a l'avantage d'être la seule voiture capable d'avancer sur une couche de neige gelée, il a pour lui de permettre toutes les fantaisies possibles. Orgie de couleurs, insanité complète d'ornements qui, au soleil et se détachant sur la verdure, feraient l'effet d'une toilette d'Anglaise retour des Indes, et qui, sur le fond uniforme et monotone d'un paysage d'hiver, se contentent de trancher gaiement sur le noir des arbres et sur le blanc du sol.

On peut alors se permettre tous les ornements qui, en temps ordinaire, donnent infailliblement à un attelage l'aspect d'un équipage de charlatan : plumes à l'oreille des chevaux, grelots, harnais en cuirs de couleur, plaques de métal, rubans, crinières et queues à l'évent.

L'allure rapide que doit garder un traîneau donne à son propriétaire le droit d'apparaître comme un personnage de féerie au milieu d'une apothéose. En marchant à ce train, on ne se montre pas, on se laisse voir, et ceux qui vous regardent passer n'ont pas le temps de critiquer par le menu les ornements dont il vous a plu d'agrémenter votre équipage.

Dans ces conditions, plus le traineau est invraisemblable, plus il est classique. Cygnes, taureaux, chevaux, licornes, animaux de toutes sortes et absolument invraisemblables, peints, dorés, argentés, bronzés.

Ce qui précède s'applique surtout aux traîneaux féminins. Pour les mâles, nous recommandons les traîneaux vrais, reproduction des traîneaux russes ou norvégiens, attelés selon les règles du pays. La troïka, avec le trotteur au milieu et les deux entraîneurs au galop, le col recourbé et galopant à pleine volée, constitue l'attelage le plus pittoresque.

Autant que possible, être seul, et, si l'on ne peut se passer de domestique, en avoir le moins possible. Une demi-portion ensevelie sous les fourrures.

Atteler un poney sur un traîneau, c'est faire un véritable contre-sens. L'objet traîné, contenant et contenu, doit être invariablement d'un volume infiniment inférieur à l'attelage. Le contraire fait immédiatement penser aux tramways et aux maisons mobiles de San-Francisco, et ce sport n'est tolérable que pour les enfants au-dessous de huit ans. Affaire de proportion.

Ce n'est pas ce qu'on a sous les yeux qui fait le charme de la promenade en traîneau, et je ne comprends guère les femmes qui, ne conduisant pas elles-mêmes, passent deux heures en tête-à-tête avec les croupes de leurs chevaux. Serait-ce à ce spectacle peu intéressant que la promenade de Saint-Pétersbourg devrait son nom de Perspective? Au surplus, les gestes du cocher conduisant derrière vous manquent à la fois d'élégance et de convenance. Conduisez, mesdames, conduisez vous-mêmes!

CHAPITRE III. — Au Bois le soir.

Jours caniculaires. — Tout le long, le long de la rivière. — De l'utilité des limonadiers. — Ombres chinoises et jugements téméraires.

Sans la canicule, il serait difficile d'expliquer non-seulement l'existence, mais la prospérité des nombreux établissements disséminés aux quatre coins du Bois. Nous avons en effet constaté la sobriété des cavaliers du matin, que rien n'égale, si ce n'est celle des promeneurs de l'après-midi.

Si le restaurant chinois, le chalet des lacs, le pavillon d'Armenonville,

Madrid, la cascade et les autres limonadiers du Bois n'avaient pas d'autre clientèle, on chercherait en vain le but poursuivi par les commerçants qui ont affermé ces différents établissements, et l'on ne pourrait découvrir d'autre motif à leur entreprise qu'un ardent amour de la solitude.

Il n'en est rien cependant.

Aucun restaurateur ne pousse l'horreur des consommateurs jusqu'à les éviter systématiquement, et le plus malintentionné à leur égard se contente de les écorcher quand ils lui tombent sous la main. Leur animosité ne va pas plus loin.

Pendant les soirées d'été, tout ce qui dans Paris dispose des sommes

nécessaires pour fréter un fiacre se fait transporter au Bois. Quand on a passé une journée entière à fouler l'asphalte en liquéfaction de nos boulevards, qu'on a emmagasiné dans ses poumons une certaine quantité de macadam pulvérisé, on a soif d'espace, d'air et de boissons glacées. On commence alors à comprendre combien peuvent être utiles les divers établissements installés au milieu des arbres, aux abords des lacs ou des cascades. On trouve ingénieuse l'idée qu'ont eue leurs fondateurs, et l'on pense qu'il est de l'intérêt général d'encourager une industrie qui, en permettant aux Parisiens des jours caniculaires de se désaltérer en plein air, les préserve de l'hydrophobie.

Malheureusement, l'affluence des gens altérés de fraîcheur est telle que la foule qu'on fuyait en quittant le centre de Paris se trouve reformée aussi compacte aux points les plus extrêmes du bois de Boulogne, de telle sorte que les consommateurs parvenus, par exemple, au restaurant de la cascade, se trouvent aussi complétement empilés que s'ils s'étaient assis au centre de la cité. Ils ont pour eux de savoir qu'ils sont à la campagne, et que la petite portion d'air qu'ils respirent n'a encore eu aucun contact avec la capitale. Ils prennent le frais à doses homœopathiques, mais se consolent du peu de quantité par la certitude de la qualité.

LE BOIS LE SOIR.

Dans ces abreuvoirs champêtres, c'est, au contraire des cafés-concerts, le consommateur et non la consommation qu'on renouvelle : de huit heures à minuit pour les soirées de chaleur moyenne, jusqu'à une heure du matin et au delà pour les nuits caniculaires, le nombre des voitures qui arrivent par la droite n'est égalé que par le chiffre de celles qui s'en vont par la gauche. C'est un mouvement incessant, un va-et-vient perpétuel. On attend debout qu'une table devienne vacante, et dès qu'une chaise est vide, deux mains au minimum cherchent à s'emparer du dossier. Pendant que les garçons installent les nouveaux arrivés, les chasseurs président à la mise en voiture des partants, et, tandis qu'à droite on réclame les sherry gobbler de l'as, on

appelle à gauche le cocher Paul et la victoria de la cité Pigalle. Ici, un monsieur très-affairé fait apporter à des dames hermétiquement voilées de nombreuses boissons qu'elles absorbent sans descendre de voiture. Là, un gros homme qui accompagne une dame qui pourrait passer pour sa fille si elle était plus simplement mise descend de sa victoria avant qu'elle soit arrêtée, et arrive à terre le ventre le premier.

Plus loin, stationne une voiture habitée par deux personnes qui ont fait demander M. Ernest et ont été immédiatement entourées par tous les célibataires présents, porteurs de ce prénom excessivement répandu.

Voici maintenant une noce tout entière qui arrive en plusieurs landaus, mariée en tête, escortée par ses garçons d'honneur.

Ici, un monsieur distrait sort successivement de ses poches les numéros de tous les fiacres qu'il a pris depuis un mois, sans parvenir à mettre la main sur celui du camille qui l'a amené.

Là, c'est un couple mystérieux, mais altéré, qui députe son cocher à la recherche d'un garçon, et attend inutilement le retour de son ambassadeur.

Partout, c'est un mouvement fébrile qui va croissant jusqu'au moment où la brise nocturne, se mettant à souffler pour de bon, apporte enfin à tous ces congestionnés la fraîcheur qu'ils cherchaient. Tous alors se mettent à grelotter, relèvent les collets de leurs paletots, abaissent les capotes et les tabliers de leurs voitures, et rentrent précipitamment à Paris, en donnant à leurs cochers l'adresse d'un restaurant de nuit où ils aient la certitude de trouver quelque grog sérieusement américain ou un bol de vin réellement chaud.

FIN DE LA DEUXIÈME PARTIE

TROISIÈME PARTIE

AUX COURSES

TROISIÈME PARTIE

AUX COURSES

CHAPITRE PREMIER. — Courses plates.

Longchamps et Chantilly. — Comment et pourquoi l'on va aux courses. — Un jour de grand prix. — Un derby. — Le pesage. — Propriétaires et jockeys. — Bookmakers et parieurs.

Il n'y a pas longtemps qu'on disait encore d'un homme dont le principal passe-temps était de suivre les courses : « Il ne fait rien. » Si aujourd'hui l'on vient à parler du même personnage, la formule qu'on lui consacre est singulièrement différente : « C'est un des hommes les plus occupés qu'on puisse voir. Il ne manque pas une course ! » — Il n'est pas en effet, à l'heure qu'il est, de profession plus absorbante que celle de sporstman. — Pour en faire consciencieusement le métier, il faudrait, outre le don d'ubiquité, posséder une activité absolument exceptionnelle. — Dans cette carrière, plus de vacances, pas un seul jour de chômage. La liste des hippodromes n'est pas autre chose que la nomenclature complète de toutes les villes de France, et le calendrier a peine à contenir les dates de toutes les réunions.

Est-ce à dire que l'amour du cheval soit devenu parmi nous, comme en Angleterre, une passion générale ? Non.

Le goût du cheval, de l'équitation, a certainement augmenté dans une proportion considérable depuis quelques années ; mais ce n'est certainement pas la cause unique de la faveur dont sont l'objet de la part du public les réunions de courses.

La furie des paris a plus fait pour le succès des hippodromes français que tous les efforts de la Société d'encouragement, et le moindre bookmaker a

Un jour de Grand Prix. — Sur le chemin des courses.

été plus utile à la réussite de l'œuvre commune que le plus influent et le plus actif des membres du Jockey-Club.

C'est une vérité reconnue maintenant en économie politique, que les prodigues jouent, aussi bien que ceux qui s'adonnent à l'épargne, un rôle nécessaire dans le mouvement des capitaux, et contribuent dans une assez vaste mesure à la production générale.

Le joueur aux courses a également son utilité, et tient sur les hippodromes le rôle que l'agioteur occupe à la Bourse; il aide inconsciemment le véritable spéculateur dans ses opérations les plus profitables. La manie du jeu est certainement un mal, mais un mal nécessaire, qui, en dépouillant les oisifs, rejette dans le courant industriel des sommes considérables, qu'une économie trop générale finirait par immobiliser.

Les deux plus grands centres d'affaires sportives, l'équivalent des Bourses de Paris et de Marseille par exemple, sont incontestablement Longchamps et Chantilly, et le jour du Grand Prix de Paris pour l'un, celui du Derby pour le second, ont la même importance que les dates de liquidation générale.

Un jour de Grand Prix, la physionomie ultra-impertinente de tout cocher de voiture de louage suffirait à démontrer qu'il s'agit d'une solennité pour laquelle leur concours est nécessaire, si dès le matin on n'avait vu circuler à travers Paris la collection complète des voitures spécialement consacrées au transport économique des habitués du turf : chars

à bancs gigantesques, omnibus-Léviathans se rendant à vide du lieu de remisage au lieu de stationnement.

Le véritable départ n'a lieu qu'après le déjeuner. De la porte de chaque

établissement où l'on mange, s'écoule un premier flot de voitures qui va se perdre dans le courant général.

A partir de la rue Royale, pour la rive droite; du pont de la Concorde,

pour la rive gauche, la foule prend les allures d'une avalanche. Toutes les voitures connues sont représentées dans ce défilé précipité. Il y a de tout : des fiacres, des omnibus à quatre et à cinq chevaux, des mails, des coupés,

Un jour de Grand Prix. — Le campement des voitures à prix fixe.

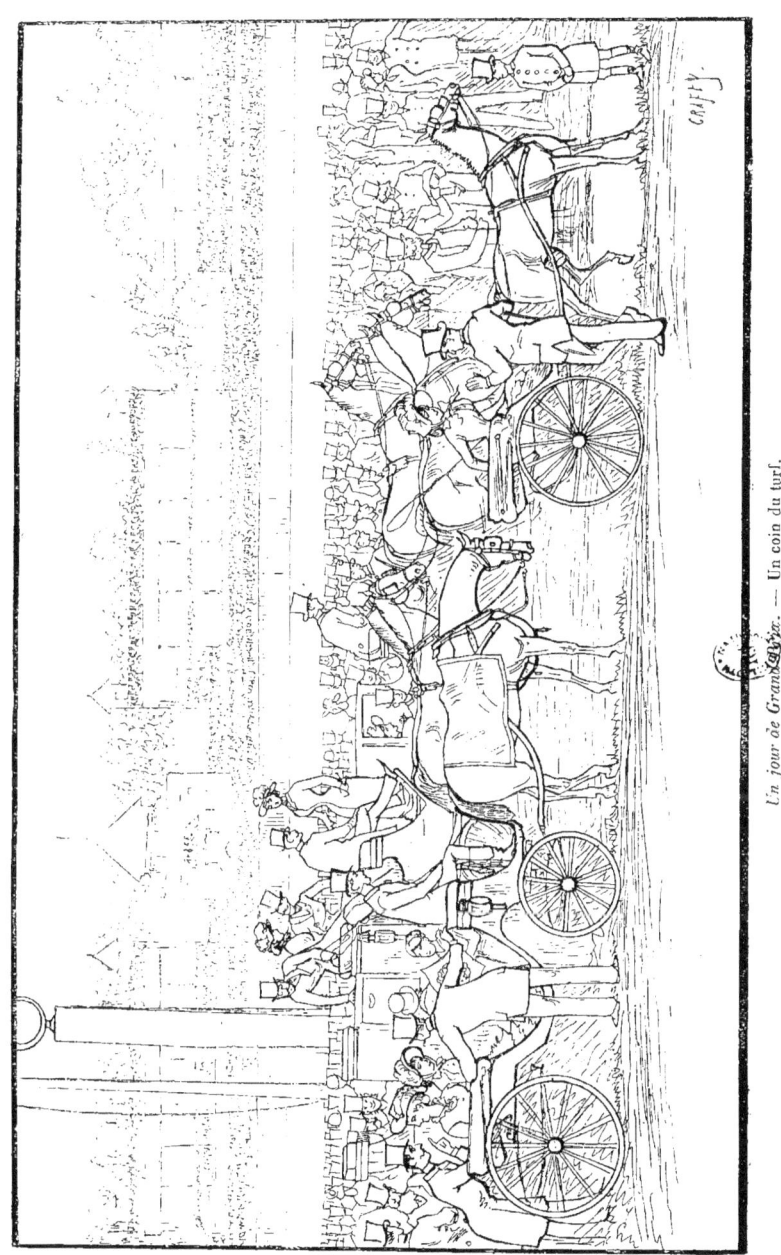

Un jour de Grand-Prix. — Un coin du turf.

des landaus, des victorias, des spyders, des phaétons, des carts, des ducs, des poneys-chaises et des vélocipèdes. On dirait un peuple de fous, à roulettes, à lorgnettes et à tickets, poursuivis par la trompette du jugement dernier.

Rien ne les arrête! Les voitures accrochent? Tant pis! on va avec trois roues! Les tuyaux d'arrosage barrent la route? On les franchit! Quant aux piétons, s'ils veulent traverser, on les traite comme de simples tuyaux d'arrosage; — s'ils réclament, on les invite à formuler le lendemain leurs réclamations. Un jour de Grand Prix, ceux qui ne vont pas à Longchamps ne doivent pas avoir autre chose à faire que de regarder ceux qui s'y rendent.

Le vrai moyen de bien voir les voitures n'est pas, d'ailleurs, comme on le croit à tort, d'aller se poster sur un point quelconque du fleuve de carrosserie qui prend sa source à la place de la Concorde et va se jeter dans la plaine de Longchamps. En procédant de la sorte, on voit beaucoup de poussière, quelques chapeaux de cochers, et puis c'est tout. Les plus exercés reconnaissent par hasard trois ou quatre des équipages les plus connus, et encore se trompent-ils sept fois sur dix. C'est aux abords des tribunes que l'on peut apprécier un attelage, en choisissant le moment où il s'arrête à l'entrée, puis s'en va choisir sa place dans l'une ou l'autre des longues queues qui se forment le long de la Seine, à droite et à gauche de la demi-lune qui sert de vestibule à l'enceinte du pesage.

C'est là seulement qu'on peut juger de la valeur d'un équipage, du rapport qui existe ou devrait exister entre le véhicule et son attelage, et juger les contre-sens qui se commettent journellement et passent inaperçus dans une cohue où chevaux et voitures se comptent par milliers.

Il est d'ailleurs bien inutile de voir les habitants d'une voiture pour se rendre compte de la position qu'ils occupent en ce bas monde. La tenue des hommes, à défaut de la valeur des animaux et de l'homogénéité de l'équipage, suffirait pour se faire une opinion. Exemple : voici deux calèches huit-ressorts peintes de même, livrée identique, le tout vert bouteille, avec flot vert et rouge au frontail des chevaux. Il n'est douteux pour personne que la pre-

Aux courses de Longchamp. — Un coin du pesage.

Un jour de Grand Prix. — Au pesage : la promenade des chevaux avant la course.

mière a été acquise par des moyens avouables, et que l'argent qui a servi à la payer provient d'un patrimoine sérieusement établi, existant de longue date, et qui n'est pour le quart d'heure compromis dans aucune spéculation hasardeuse. En la regardant, on ressent une impression sérieuse, un sentiment de sécurité pour l'avenir de ses propriétaires, que la vue de la seconde n'inspire à aucun degré. Elle est achetée d'hier et sera vendue demain. Il en est de même de l'attelage. Les chevaux du premier sont, à un an de distance, nés de la même mère et élevés sur la même propriété. Ceux du second ne marchent ensemble que depuis quinze jours; l'un vient de chez X..., le grand marchand de chevaux, et le second, du Tattersall, et, sous peu, celui qui vient de chez X... ira au Tattersall, pendant que celui qui vient du Tattersall ira chez X...

Ce *véhicule* appartient sans aucun doute à un parieur, et à un parieur auquel le sort n'a pas encore été ou a cessé d'être favorable. L'homme, le cheval, le chien, le propriétaire, sont arrivés dès l'aube, dans l'espoir de découvrir quelque secret d'écurie qui, moyennant un petit capital, pourrait fournir un gros bénéfice.

L'homme qui garde le cheval, — un ami du propriétaire, — qui a l'expérience de ces stations, a pris le parti de dormir, sachant que la fortune sourit quelquefois à ceux qui ne la poursuivent pas.

La propriétaire de *cette victoria* est certainement une belle petite, et, qui plus est, belle petite qui a soupé longuement, ce qui fait que son cocher, qui a mal dormi sur son siége pendant la nuit précédente, se rattrape à l'intérieur de la voiture, s'en remettant au groom du soin de veiller sur le cheval.

Équipage rustique qui fait voir que la province, voire même la banlieue, prend sa part des émotions causées par le Grand Prix de Paris. On vient directement de la Verrière-sous-Noisy, vingt-trois kilomètres bien comptés, et l'on y retournera pour souper. Le cocher, qui jardine à l'ordinaire, s'est mis à l'aise, sa livrée étant devenue un peu étroite des épaules, et prend un à-compte sur le souper, qui n'aura lieu que tard, ses juments n'ayant jamais voulu faire plus de dix kilomètres par heure.

Le dog-cart d'Ernest. — Sa grand'mère lui a prêté son domestique et sa jument hollandaise. Lui a invité deux de ses camarades du lycée; ils ont suivi pendant tout le long de la route la demi-daumont ci-après, dont la propriétaire a paru les remarquer.

Aux courses de Longchamps — Au pesage. — Le champignon des parieurs.

La daumont de miss Kissmiwith. — Chevaux fatigués; jockey trop âgé; victoria ordinaire, à flèche droite. Miss Kissmiwith, qui, chaque fois qu'elle sort en voiture découverte, souffre de terribles névralgies, voudrait bien s'en tenir aux voitures fermées; mais elle a constaté qu'on la voit moins, et elle va courageusement au-devant des fluxions et des rages de dents. Au retour, elle trouvera son lit bassiné, sa boule d'eau chaude et une infusion de bourrache. Il vient un jour où les précautions inconnues au temps de la première jeunesse sont indispensables.

Le mail du club. — S'est mis à la bonne place pour voir la course. Les grooms de toutes les voitures voisines l'ont envahi. Ce qui manque, ce sont les lorgnettes. Mais ce détail n'empêche pas ces messieurs, qui d'ailleurs connaissent le programme, de parier avec frénésie.

Le dog-cart poney. — Appartient à un membre de la haute gomme;

joueur de polo, membre du Petit Cercle, du Tir au pigeon, du Cercle d'escrime, du Sporting, du Mirliton, des Pommes de terre, fondateur de la Société hippique, membre du Betting, du Cercle des joueurs de paume, etc., etc.

Le tandem. — Appartient à un amateur de difficultés. Rival heureux d'Hippolyte, il excelle à conduire un cheval dans la carrière, et profite du

jour où toutes les routes du Bois sont encombrées, pour montrer qu'on se tire des embarras les plus compliqués avec un peu de présence d'esprit et la manière de s'en servir.

L'inévitable shetlandais, ou l'injustice du sort. — Une malheureuse petite bête pas plus haute que ça, qui traîne pendant toute la journée du dimanche un ménage considérable, et pendant toute la semaine une voiture de vinaigrier. Quand on pense que tous ces malheurs sont le résultat de la sobriété de ce petit animal, et que la sobriété passe pour une vertu! Jolie récompense!

L'arrivée.

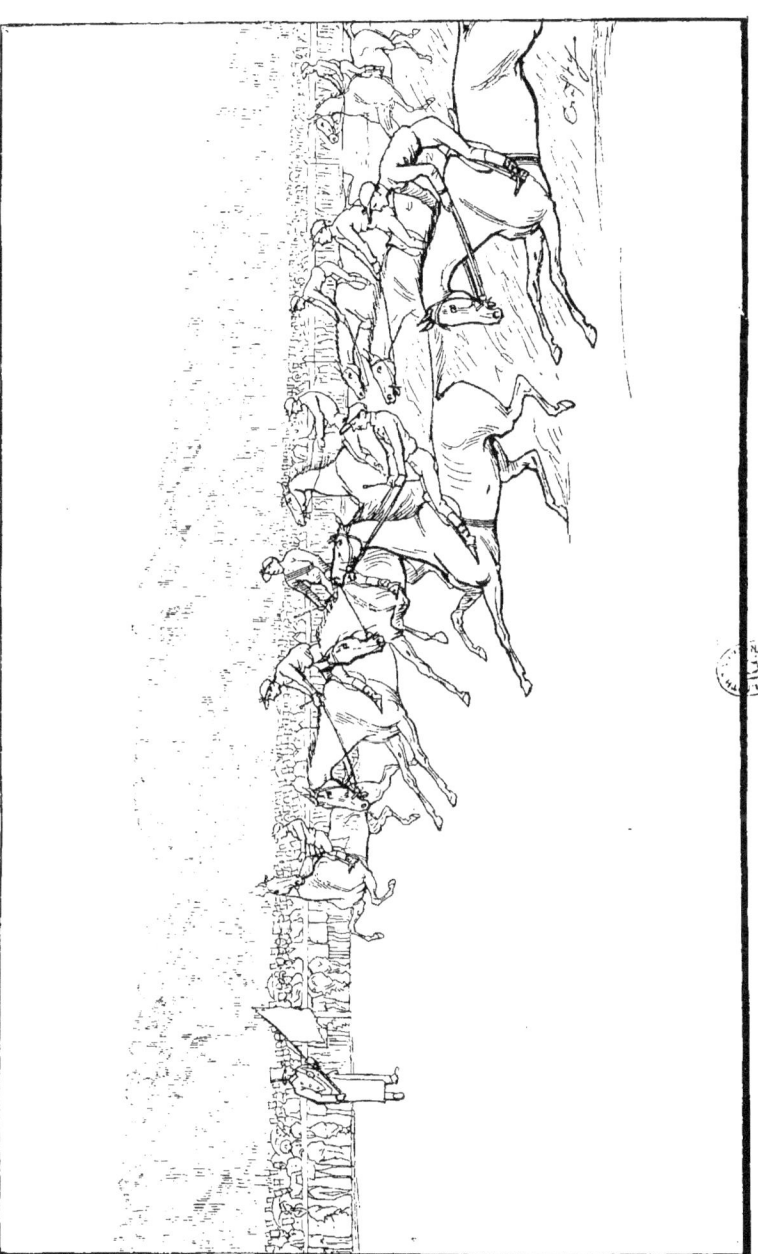

Un jour de Grand Prix. — L'un des nombreux faux départs qui précèdent inévitablement le bon, pour peu que le starter ait affaire à une douzaine de chevaux de deux ans.

Le grand phaéton huit ressorts. — Ce qu'on fait encore de mieux pour hommes faits. Équipage de rigueur pour les propriétaires d'écuries de courses : grands financiers, hommes politiques, hauts fonctionnaires. Une femme élégante y fait très-bon effet, une fois installée ; mais l'ascension et la descente ne s'opèrent pas toujours facilement.

Puisque nous sommes à l'une des portes du pesage, entrons-y : nous irons plus tard passer l'inspection des voitures qui stationnent sur la piste.

Pour toute une catégorie de personnes excessivement élégantes, le pesage avait autrefois une assez grande analogie avec le Paradis terrestre ; non qu'elles espérassent y goûter des jouissances inconnues, mais par cette unique raison que l'entrée leur en était aussi radicalement interdite que si elle eût été gardée par l'Archange armé de son traditionnel glaive de feu. Elles y ont aujourd'hui libre accès, et les amateurs de jolies toilettes ne s'en plaignent pas. Il eût été d'ailleurs difficile, maintenant que les femmes qui sont du monde et celles qui n'en sont pas adoptent les mêmes modes, de maintenir une consigne qui aurait pu donner lieu aux plus fâcheuses méprises. Ces demoiselles méritent du reste par leur excellente tenue l'indulgence dont on a fait preuve à leur égard, et leurs conversations n'ont rien qui puisse blesser les oreilles ou effaroucher la pudeur des autres habituées du pesage.

Au surplus, les membres de la Société d'encouragement n'avaient pas lieu de se préoccuper plus que de raison des conséquences que pouvait avoir la tolérance à laquelle ils se sont résignés, puisqu'ils avaient et ont encore des tribunes spéciales, dans lesquelles leurs femmes, leurs sœurs et leurs filles n'ont à redouter aucun contact avec le public payant. De cette façon, tout est pour le mieux, et les plus rigoristes ne sauraient trouver l'occasion de se scandaliser de la présence aux courses des mêmes personnes qu'ils coudoient chaque soir dans les couloirs de tous les théâtres.

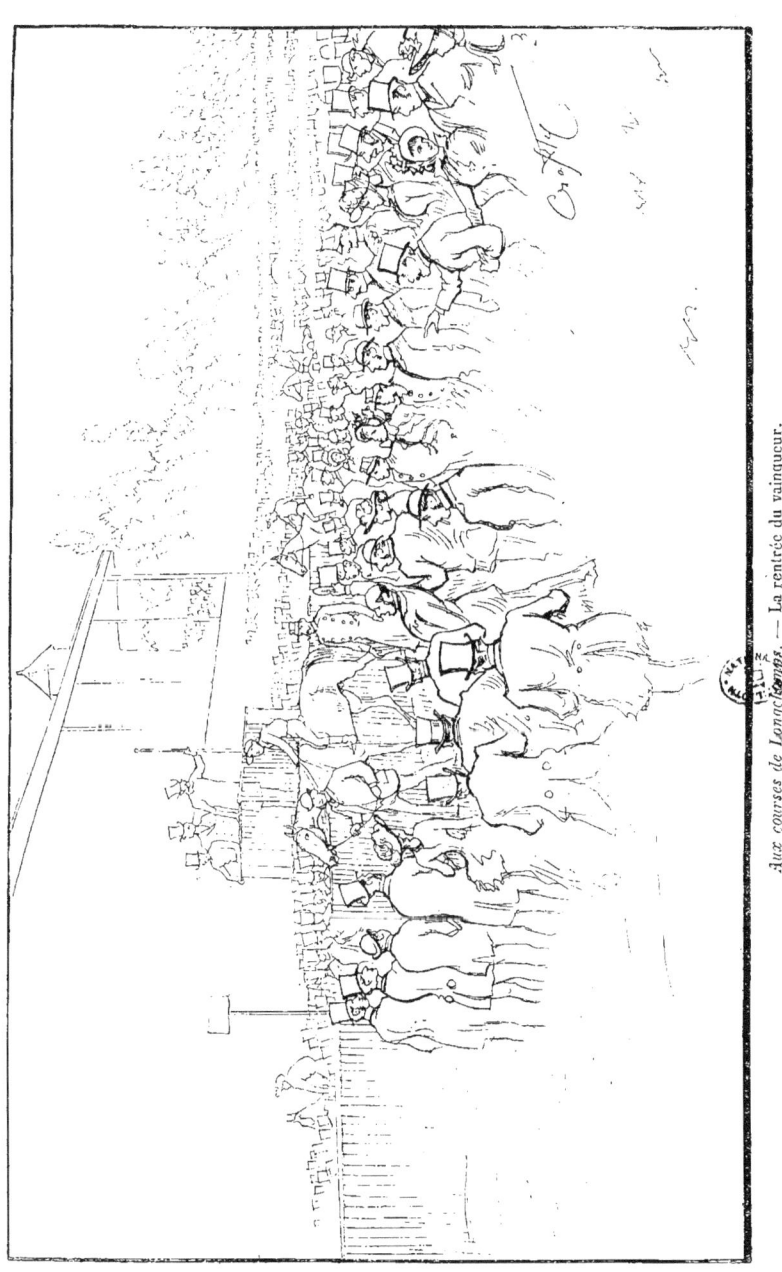

Aux courses de Longchamps. — La rentrée du vainqueur.

L'extension qu'ont prise les paris a amené dans la moyenne du public masculin un abaissement analogue.

Ce n'est plus seulement le dessus du panier, mais encore les couches intermédiaires, et même le dessous du panier qui paye les vingt francs d'entrée nécessaires pour pouvoir aborder les bookmakers sérieux.

La plupart des louis qu'on jette ainsi au guichet ne représentent plus la cotisation volontaire de gens qui prennent leur part d'un plaisir, mais la contribution exigée des gens qui veulent tenter la fortune.

Cette somme est la première mise de fonds des courtiers marrons du pari, et figure dans leur budget à l'article des frais généraux, tout comme la victoria obligatoire dans celui du dernier des agioteurs.

Le Derby a sur le Grand Prix l'avantage d'être couru sur un hippodrome beaucoup plus éloigné de Paris.

Une grande partie des sportsmen par spéculation, j'entends la petite spéculation, qui ne manquent aucune des réunions de Longchamps, reculent encore devant le voyage de Chantilly.

Le public qui aime les courses pour elles-mêmes y gagne de coudoyer une foule plus élégante et moins compacte, et de pouvoir y considérer de plus près les véritables notabilités du sport.

C'est à Chantilly qu'il faut aller, si l'on veut connaître les propriétaires des grandes écuries, les entraîneurs, les gentlemen-riders.

A Longchamps, dans la cohue qui encombre le pesage, on ne peut que les apercevoir.

A Chantilly, on les voit, et d'assez près pour que leurs traits restent gravés dans la mémoire, si l'on est quelque peu physionomiste.

C'est d'ailleurs leur centre d'opérations, et beaucoup d'entre eux qui se montrent rarement à Paris n'ont pas manqué un seul Derby.

L'hippodrome lui-même a un aspect incomparablement moins banal que celui de Longchamps. Il a ses souvenirs et ses monuments. C'est, au surplus,

le berceau des courses, et c'est sur la pelouse même où se disputent les prix que la Société d'encouragement a été fondée, en même temps que le Jockey-Club.

Sur ce terrain où tous les chevaux célèbres ont galopé depuis un demi-siècle, les véritables sportsmen sont envahis par une émotion pour ainsi dire religieuse, au souvenir des exploits que leurs prédécesseurs y ont accomplis. Toutes les traditions d'élégance et d'audace de leurs devanciers leur reviennent involontairement à la mémoire, et la lutte à laquelle ils vont assister prend dans leur esprit un caractère solennel qu'elle ne saurait avoir sur un hippodrome auquel le temps n'a pu former sa légende. Les lieux comme les hommes ont leur prestige, et Chantilly, avec ses souvenirs historiques, ses monuments princiers, ses écuries gigantesques, possède au plus haut degré la qualité qui faisait, paraît-il, si complétement défaut à M. Bourbeau et à tant d'autres.

En dehors des avantages qui résultent d'un passé glorieux, le terrain affecté aux courses, à Chantilly, a ceci de merveilleux qu'il permet au spectateur installé dans les tribunes de suivre tous les incidents de la lutte.

Quel que soit le parcours à fournir, aucun obstacle n'intercepte ses regards, et du départ à l'arrivée, il peut compter les foulées des chevaux et voir chaque geste des cavaliers.

Le parieur, car le dessus du panier parie avec la même frénésie que le dessous, voit alors toutes les péripéties par lesquelles passe son argent : c'est ce qu'on appelle surveiller sa chance : surveillance bien inutile au point de vue du résultat, mais qui permet aux perdants de se consoler de leur défaite, en critiquant la manière dont a été conduit leur favori.

On lui a fait faire son effort trop tôt; à l'arrivée, son jockey n'a pas su en tirer ce qu'il avait encore dans le ventre; d'ailleurs, il a été coupé à tel tournant, et à la distance ses concurrents lui ont de parti pris bouché le passage. La plupart du temps, tous ces incidents ne se sont passés que dans l'imagination de celui qui les raconte; mais pour peu qu'il les ait répétés à plusieurs personnes, il finit par y croire fermement. Ces prétextes trouvés pour justifier un pari qui constituait une imprudence, deviennent pour lui des raisons qui la lui feront renouveler la première fois que le cheval battu recommencera l'épreuve : il doublera alors sa mise, pour rattraper d'un coup la perte déjà subie, et jouera d'autant plus cher que son cheval aura perdu plus souvent, imitant en cela le joueur qui s'obstine à ponter contre une série.

Il résulte de cette façon de jouer que si le personnel des bookmakers reste immuable, celui des parieurs se renouvelle incessamment, comme le blé dans les moulins, le charbon dans les locomotives, ou les cailloux sous les machines à macadam. Ils sont broyés, concassés, pilés en un tour de roue; mais l'exemple de leur malheureux sort ne préserve aucun de ceux que leur tempérament porte à se jeter dans le même engrenage.

Au retour, les physionomies du public indiquent, de façon à ne jamais se tromper, la gravité des pertes subies. Si les wagons sont peuplés de gens silencieux, on peut être sûr que la journée a été désastreuse pour les pontes. Si au contraire la majorité des voyageurs se montre expansive, on peut affirmer que les sacoches des bookmakers ont subi de vigoureux assauts et ont été forcées de boucher bien des brèches. Ces derniers jours sont rares; mais enfin il s'en produit quelques-uns, et c'est ce qui explique la continuation d'un jeu dans lequel l'un des partners fait toutes les conditions que l'autre est obligé d'accepter; car, une fois sur le terrain des courses, la cote ne se discute même pas. Les bookmakers la fixent à leur fantaisie, et les parieurs doivent la subir, ou s'abstenir de jouer. Il est inutile de dire qu'ils la subissent.

CHAPITRE II. — LES STEEPLES-CHASES.

De la génération spontanée des hippodromes dans la banlieue parisienne. — Du steeple-chase dans ses rapports avec l'art dramatique. — Du spectateur compatissant et du spectateur féroce. — De quels obstacles essentiels doit être hérissée une piste de steeple-chase. — Jockeys et amateurs. — Le club de la rue Royale. — Auteuil. — Réunions privées. — La Marche. — La Croix-de-Berny. — Aller et retour.

Sans la culture maraîchère, qui ne peut rencontrer une prairie de quelque étendue sans la défricher immédiatement, la banlieue de Paris serait littéralement couverte d'hippodromes de steeple-chases.

Les courses d'obstacles ont sur les courses plates l'avantage de n'avoir été monopolisées à leur apparition par aucune société d'encouragement. De là la spontanéité de leur génération : il suffit qu'un chemin de fer contenant un spéculateur côtoie une clairière un peu vaste, pour que ce spéculateur aie l'idée d'utiliser en même temps le chemin de fer qui le transporte et le médiocre terrain qu'il aperçoit : il achète ou loue le terrain, obtient des administrateurs du chemin de fer l'installation d'une station, fait construire des tribunes, creuse une rivière, élève un mur, plante des haies, dresse des barrières, trouve un nom euphonique et sonore pour désigner l'endroit qu'il a découvert, et couvre les murs de Paris d'affiches multicolores annonçant à la foule des parieurs que tels et tels prix seront courus tel ou tel jour à tel endroit.

Il n'en faut pas davantage pour que la France compte un nouveau champ de courses, dont rien ne faisait

soupçonner la nécessité, mais qui trouve cependant dès sa fondation les

En steeple-chase. — Pour servir d'avertissement à tous les civils qui professent le mépris des consignes et persistent à ne tenir compte d'aucune observation.

chevaux nécessaires pour y disputer les prix, et le public indispensable pour les voir courir.

Le nombre des gens qui constituent le public des steeple-chases augmente-t-il en même temps que les lieux de rendez-vous se multiplient, ou bien, au contraire, ce public, demeurant tel quel, suffit-il à peupler tous les nouveaux hippodromes qu'on lui ouvre successivement?

Je crois que son activité croit en proportion du nombre des occasions qui lui sont offertes de jouir d'un spectacle bien autrement attrayant que celui présenté par les courses plates, dont tout l'intérêt apparent repose sur une question de train plus ou moins rapide.

La course au clocher, comme on disait autrefois, joint à cet attrait de la vitesse tout l'intérêt du drame.

Chaque obstacle à franchir est l'équivalent d'une scène plus ou moins bien combinée, et la lutte qui s'établit entre les chevaux se trouve ainsi naturellement divisée en plusieurs actes. La course plate correspondrait donc au théâtre à la pièce en un acte, tandis que le steeple-chase équivaudrait au drame en cinq actes.

La nature de l'émotion causée aux parieurs suit une progression analogue. Le départ une fois donné à Longchamps ou à Chantilly, le joueur est dans la même position qu'à la roulette; il n'a plus qu'à regarder tourner la bille, et, dans le cas fort rare où il est assez connaisseur pour juger la façon dont les concurrents galopent, le résultat lui est à peu près connu au bout d'une minute.

En steeple-chase, l'émotion est de plus longue durée; jusqu'au dernier moment l'incertitude demeure entière, et tant qu'il reste un obstacle à franchir, on doit craindre, ou l'on est en droit d'espérer, selon qu'on parie pour ou contre, que le cheval dont les chances paraissent le plus certaines attrapera la fâcheuse culbute ou fera le regrettable panache.

En steeple-chase. — Le saut de la rivière — l'obstacle préféré des amateurs qui, sans craindre le spectacle des chutes, préfèrent le plongeon à la culbute sur un terrain dur.

En steeple-chase. — Le saut du mur — l'obstacle de prédilection des hostilités féroces, pour lesquels il n'y a pas de bonne course sans une ou deux fractures.

Les âmes sensibles ont en outre l'appréhension de voir les jockeys tomber malheureusement et se détériorer plus gravement qu'il ne convient.

Cette éventualité, qui cause aux natures délicates une véritable terreur, constitue au contraire tout l'intérêt du spectacle pour certains tempéraments sanguinaires, qui ne demandent que plaies et bosses, et laissent éclater leur joie dès qu'ils voient arriver le brancard destiné au transport des concurrents hors d'état de rentrer sur leurs jambes au pesage.

Pour ces derniers, quand une course à long parcours, disputée par de nombreux concurrents, s'est terminée sans aucune chute, leur désappointement se laisse facilement deviner.

L'adresse dont les chevaux ont fait preuve, l'habileté déployée par les hommes ne leur donnent aucune satisfaction et n'obtiennent d'eux aucun témoignage d'admiration. Mais si quelque maladroit montant quelque rossard mal dressé cause toute une série de culbutes, leur joie éclate, et,

pendant que les spectateurs moins inhumains se demandent avec anxiété ce qui résultera de l'accident, ils exultent à la pensée que deux, trois ou quatre concurrents sont dès à présent hors de lutte.

Que ce carambolage entre hommes et chevaux ait occasionné fractures de bras ou de jambes, voire même de crânes, ils s'en soucient peu.

L'important est que les chutes aient été exceptionnelles et puissent donner matière à récits. — Ceux-là sont des amateurs de cinquième acte, — catégorie plus nombreuse qu'on ne pense, et qui sacrifierait volontiers père et mère, à la condition toutefois que la disparition de leurs ascendants s'accomplît dans des circonstances véritablement dramatiques et capables d'inspirer aux fournisseurs habituels de l'Ambigu un dénoûment absolument nouveau et imprévu.

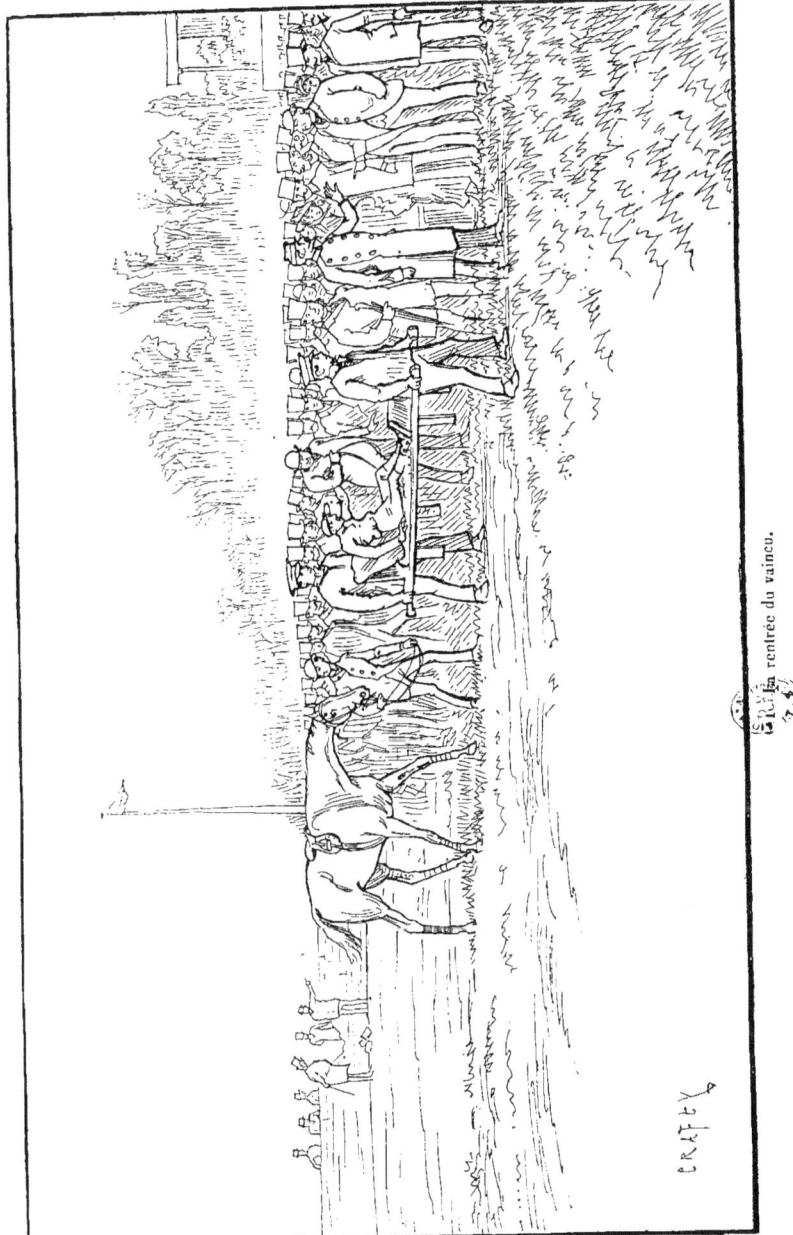

La rentrée du vaincu.

Lorsque ces impitoyables spectateurs arrivent sur une piste avant que les épreuves soient commencées, ils vont s'assurer personnellement de la solidité et de la hauteur des obstacles. Ils examinent la construction du mur, sondent avec leur canne la profondeur de la rivière, dont ils mesurent la largeur en faisant des pas démesurés,

et poussent de l'épaule la travée supérieure des barrières fixes, afin d'en éprouver la résistance.

A leurs yeux, il ne suffit pas qu'un obstacle soit d'une certaine élévation, il faut encore qu'il soit incassable : ils ne sont pas gens à se contenter de barrières de carton, et, de même qu'ils tiennent à ce que les acteurs sur la scène mangent véritablement, ils désirent que les jockeys qui ont l'honneur de galoper devant eux aient sérieusement la possibilité de se rompre les os.

352 PARIS A CHEVAL.

Les doubles barrières fixes sont leurs obstacles préférés, non parce qu'elles exigent du cavalier plus d'habileté et plus de docilité de la part du cheval, mais par cette seule raison que les panaches y sont plus fréquents.

Pour qu'ils se déclarent satisfaits d'une piste de steeple-chase, il est essentiel qu'elle possède :

1° Une rivière d'une largeur respectable ;

2° Un mur en pierre d'une solidité reconnue ;

3° Plusieurs barrières fixes d'une résistance incontestable ;

4° Un saut en contre-bas aboutissant de préférence sur un terrain exceptionnellement dur ;

5° Une banquette irlandaise suffisamment élevée pour que le meilleur sauteur ne puisse la franchir d'un bond, et assez étroite pour qu'il ait chance de ne pas y trouver un point d'appui suffisant ;

Et pour terminer, une double barrière dont les deux parties soient suffisamment rapprochées pour qu'il soit possible, en franchissant la première, de retomber sur la seconde.

Quand un champ de courses renferme tous ces casse-cou, toutes ces chausse-trapes, l'abonné féroce l'honore de sa faveur, et, pour peu que dans les réunions précédentes il se soit produit quelque grave accident, il se fera remarquer par une assiduité complète.

Les organisateurs de ce genre de fêtes le savent bien, et multiplient les plus formidables obstacles; ce qui d'ailleurs aboutit à un but absolument différent de celui qu'ils se proposent d'atteindre.

Neuf fois sur dix l'exagération du train est la seule cause des accidents dont les suites sont fatales, et les jockeys mènent toujours plus sagement quand ils savent qu'ils ont à franchir des obstacles vraiment sérieux.

Le jockey amateur, qui constitue à lui seul un danger plus redoutable que tous ceux auxquels s'exposent les steeple-chaseurs, se tient volontiers à l'écart des parcours trop sévères, et son abstention dans les épreuves vraiment difficiles contribue pour beaucoup à la diminution des accidents.

Il en résulte que la lutte se circonscrit entre des concurrents sachant à fond leur métier, et rendus prudents par l'expérience; qui modèrent le train et abordent l'obstacle avec une sagesse égale à leur résolution.

En steeple-chase. — Ce qu'était autrefois un retour de la Marche.

Conduits de la sorte, les chevaux tombent rarement; et si par hasard une chute se produit, elle se produit isolément, elle peut être plus ou moins dure, selon que le cheval a heurté plus ou moins violemment l'obstacle qu'il n'a pu franchir;

mais ses voisins ne lui retombent pas dessus, et l'accident ne ressemble en rien à ceux qui se produisent quand les cavaliers arrivent au hasard, pêle-mêle, et à plein train sur des obstacles qu'ils croient faciles, qui le sont, en effet, et ne deviennent redoutables qu'à raison de la façon incohérente dont on les aborde.

La fréquence et la gravité des chutes qui se produisent sur un hippodrome résultent peut-être plus directement encore de la façon dont sont organisées les courses que de la manière dont elles sont courues, et je ne crois pas qu'on puisse citer beaucoup d'accidents graves dont la responsabilité ne doive être rejetée sur les commissaires qui avaient désigné le parcours et réglé les conditions d'engagement, de poids et de surcharge; c'est pour cette raison que les steeple-chaseurs, par goût ou par profession, dont la sécurité était journellement mise en péril par l'ignorance et l'insouciance des impresari suburbains, doivent savoir, à mon sens, un gré infini aux membres du cercle de la rue Royale d'avoir enfin fondé la Société des steeple-chases d'Auteuil. Ce faisant, ils leur ont non-seulement ouvert un champ de courses savamment aménagé, mais ils leur ont apporté, en ce qui concerne leur sécurité personnelle, la garantie de programmes consciencieusement étudiés par des hommes à la fois désintéressés et compétents : deux qualités qu'ils n'avaient pas toujours l'espoir de rencontrer chez les industriels qui les convoquaient jusqu'alors à prendre part à des luttes organisées pour la satisfaction d'un intérêt exclusivement privé.

Et ce n'est pas là le seul avantage qu'ils aient gagné au patronage des clubsmen du petit cercle.

Tous les tripotages auxquels avaient donné lieu dans les hippodromes de spéculation l'absence de surveillance et le manque d'autorité chez les commissaires, souvent choisis à l'aventure, avaient fini par jeter sur les habitués de ces réunions, acteurs, propriétaires et simples spectateurs, un discrédit toujours croissant.

Le public en arrivait petit à petit à ne plus voir dans ces réunions qu'un appât nécessaire à la réussite des combinaisons plus ou moins machiavéliques de tel ou tel bookmaker, et, pour peu que cet état de choses se fût

Devant le club de la rue Royale, un jour de réunion privée à la Marche, Auteuil ou Berny.

prolongé, aucun individu tant soit peu soucieux de sa réputation n'aurait osé avouer qu'il fréquentait assidûment ces coupe-gorge où, sous prétexte de sport, le plus grand nombre s'appliquait à dévaliser correctement son prochain; pour tout dire, la mode qui avait accueilli avec un véritable enthousiasme l'apparition des premières courses d'obstacles à la Marche, à Vincennes, à Porchefontaine, se refusait à adopter les nouveaux hippodromes, dont la plupart des organisateurs manquaient totalement de chic.

Depuis l'ouverture d'Auteuil, on peut dire que le steeple-chase, et tout le personnel qui y touche, est entré dans une période de régénération.

Le public élégant, qui s'en était insensiblement désintéressé, s'en préoccupe derechef, et consent à se déplacer de nouveau, maintenant qu'il a la certitude de voir autre chose que des chevaux et des spéculateurs également tarés; et il risque volontiers son argent en paris sur des courses dont le résultat n'est plus arrêté à l'avance entre quelques industriels en possession d'une sacoche, de deux ou trois chevaux étiques et d'un gazon pelé.

Il faut dire que le nouveau Comité des courses d'obstacles fait tout ce qu'il est humainement possible pour rendre la vogue à un spectacle pour lequel le tout Paris élégant s'était autrefois passionné, et dont il ne s'était dégoûté que par l'abus qu'on avait fait de sa bonne foi et de sa longanimité en lui présentant des chevaux dont la qualité eût suffi à lui faire comprendre qu'il était l'objet d'une véritable mystification, si le résultat des épreuves qui mettaient invariablement aux mains de quelques privilégiés le total des sommes engagées ne lui en eût donné une preuve encore plus certaine.

Il était élémentaire de réformer de pareils abus, et c'était indispensable pour qui voulait ressusciter l'ancien succès ; mais réformer n'eût pas suffi : il fallait trouver un attrait nouveau pour réapprendre à la foule un chemin qu'elle avait oublié.

C'est alors qu'on imagina les réunions privées, dont la première eut lieu à la Marche par un temps dont aucun sportsman n'a perdu le souvenir.

Ce fut une averse continuelle depuis le moment du départ, qui eut lieu derrière le palais de l'Industrie, jusqu'à la nuit tombante ; la piste était un véritable lac.

Quels furent les gagnants de ces régates hippiques ?

Je serais, à l'heure qu'il est, fort embarrassé de le dire ; mais ce que je sais, c'est que cette inondation ne découragea personne, et que jamais assistance plus élégante ne fut plus mouillée : les femmes surtout furent admirables de stoïcisme dans cette journée de pluie diluvienne ; aucune d'elles n'abandonna l'impériale des drags pour chercher un refuge à l'intérieur.

Bref, malgré vent et marée, cette première tentative fut un succès complet, et les organisateurs de cette fête nautique, une fois rentrés chez eux pour soigner les coryzas plus ou moins graves qu'ils avaient recueillis dans l'exercice de leurs fonctions, durent se féliciter à loisir du résultat de leurs

L'arrivée des drags sur la pelouse d'Auteuil.

efforts. La preuve en est qu'ils ne les ont pas épargnés depuis pour renouveler l'expérience.

Ce qui donne à ces réunions un caractère essentiellement particulier, c'est qu'aucune des notabilités du sport ne croit pouvoir se dispenser d'y assister; que tous les propriétaires d'équipages bien attelés et connus considèrent comme un devoir de les faire figurer dans ces solennités. Il en résulte que le spectacle du défilé offre un intérêt au moins égal à celui des courses.

Que le départ s'effectue du palais de l'Industrie ou du Cercle même, la réunion des drags présente un coup d'œil absolument charmant et de la plus grande élégance.

Cette accumulation de chevaux de sang, de toilettes claires, de harnais brillants, les accrocs de lumière renvoyés par les caisses des voitures, les couleurs éclatantes des trains, les reflets des cuivres, forment un tableau d'une variété et d'une gaieté incomparables, tableau tout fait, qui a malheureusement le tort de ne pas poser assez longtemps pour que quelque véritable artiste ait le temps de le reproduire.

A un signal donné, cette masse d'équipages s'ébranle tout à coup. Ils semblaient être enchevêtrés d'une manière inextricable, et ils se détachent les uns des autres pour former un véritable cortège qui se déroule avec une régularité parfaite, semblable au fil qui se détache de la quenouille sous les doigts d'une habile fileuse.

Pour bien jouir du spectacle et profiter des aspects multiples que le changement de décors donne à chaque attelage, le meilleur procédé consiste à suivre à cheval. On peut, de la sorte, les examiner tous successivement pendant la durée du trajet, après quoi l'on prend les devants de façon à assister à leur arrivée aux places qui leur sont réservées sur la pelouse. Rien de plus gracieux à voir que leur arrivée à Auteuil, précédés par les piqueurs chargés de leur indiquer l'emplacement qu'ils doivent occuper. Quelle variété dans les mouvements des chevaux, dans la façon de prendre le tournant pour traverser le petit pont qui coupe la rivière, et de s'arrêter à l'endroit précis assigné à chaque attelage!

SUR LA ROUTE DE BERNY.
— La poussière d'une essence absolument particulière qui vous envahit peut seule excuser le carrossier qui a eu le premier l'idée d'emprisonner sous châssis d'innocents voyageurs dans l'épouvantable voiture désignée par le nom de cab français.

S'il s'agit d'aller à Berny, la variété des tableaux qu'offrent l'aller et le retour est encore plus grande. Le flot traverse de véritables villages, et le contraste formé par l'aspect des Parisiens regardés et des suburbains qui regardent, donne au spectacle un nouvel intérêt. A Bourg-la-Reine, toutes les fenêtres sont garnies de têtes étonnées de voir une pareille affluence, et il n'est pas besoin d'être un profond observateur pour comprendre que ce défilé annuel constitue pour la majorité des spectateurs un événement capital qui doit alimenter pendant de longs mois les conversations locales.

Une fois sur le terrain des courses, les scènes dignes d'être reproduites

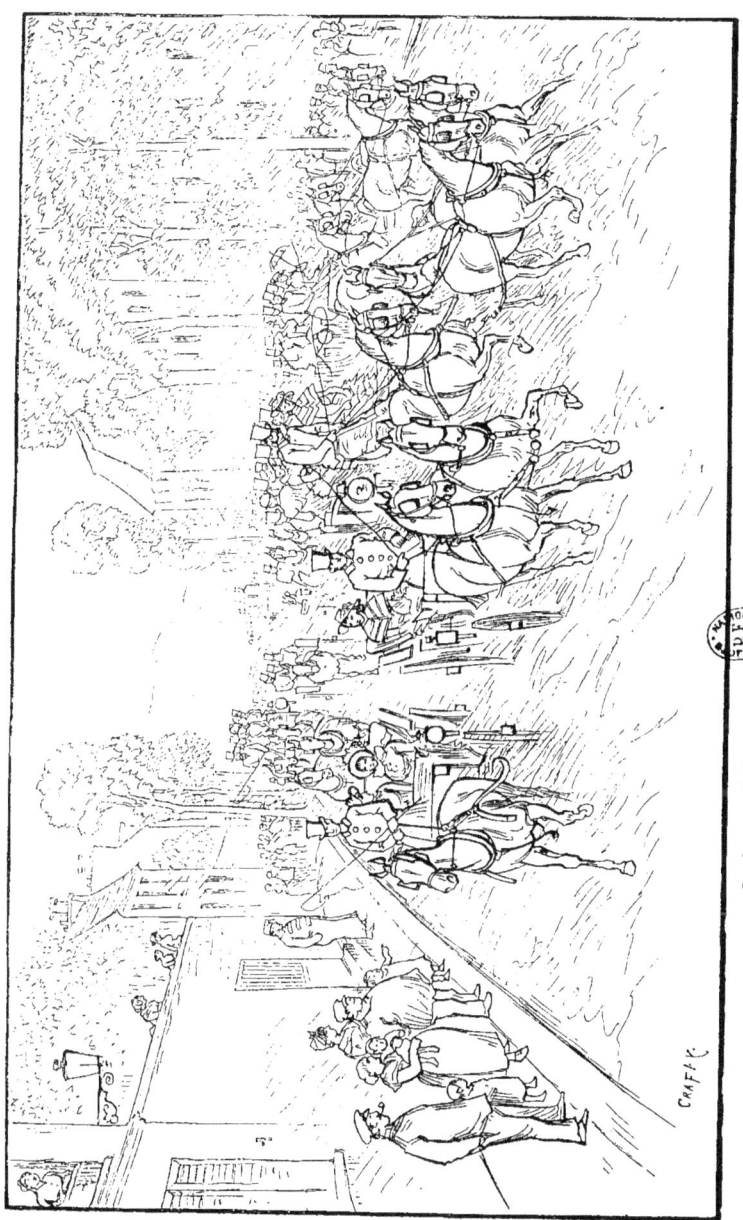

Sur la route de la Croix-de-Berny. — La traversée de Bourg-la-Reine.

par le pinceau sont bien autrement nombreuses. Rien de pittoresque comme cette accumulation en pleine campagne de citadins ultra-civilisés. Le fait seul de voir une véritable Parisienne, habillée comme elles savent l'être, au beau milieu d'un champ labouré, paraît tellement invraisemblable, que le plaisir qu'on éprouverait partout à considérer ladite Parisienne se trouve décuplé par la surprise qu'on éprouve, et pour peu que la Parisienne se trouve par hasard aux côtés d'une paysanne, votre surprise tournera en stupéfaction, si vous venez à penser que ces deux créatures si dissemblables appartiennent à la même espèce, et descendent aussi directement l'une que l'autre de notre mère Ève.

Ce contraste entre la rusticité du théâtre et le raffinement des personnages, répété à chaque instant, produit les effets les plus inattendus, et donne à la silhouette du gommeux le plus correct des aspects souvent absolument fantastiques, surtout si le vent s'en mêle. Ajoutez que, dans cette réunion essentiellement campagnarde, la fantaisie la plus complète préside au choix des costumes, qui vont, pour les hommes, du veston le plus étriqué à la gâteuse la plus étoffée. L'imagination des femmes, surexcitée par cette occasion unique dans l'année, se développe en toute liberté, et produit des combinaisons de toilette quelquefois étranges, mais souvent très-heureuses. Les chapeaux surtout y affectent les formes les plus invraisemblables, et mériteraient à eux seuls un chapitre spécial.

Devant un public aussi particulier, il est naturel que le traditionnel steeple-chase modifie également ses allures, et que devant des spectateurs exceptionnels on donne une représentation extraordinaire; c'est ce qui arrive régulièrement depuis le retour à la Croix-de-Berny, et le military constitue, avec le hunt steeple-chase, le véritable attrait de la journée; l'exhibition des habits rouges est l'événement attendu. Le public, qui s'est montré assez indifférent aux courses courues par les jockeys, déploie une activité dont on ne l'aurait pas cru capable pour voir franchir plusieurs obstacles dans cette même course. Après s'être posté de façon à voir passer la première rivière, il se porte en masse, et aux allures les plus vives, au passage de la route de Rungis, pour recourir à la rivière qui précède l'arrivée. Si les habitués des hippodromes appliquaient plus fréquemment le procédé qu'ils emploient en cette circonstance, il n'y aurait bientôt plus un seul parieur obèse, et plusieurs seraient rapidement en état de fournir le parcours entier aux côtés des chevaux. Malheureusement, ce qui semble tout naturel sur ce champ de courses improvisé paraîtrait d'un goût douteux sur un hippodrome où tout est artificiel, depuis les obstacles qu'on y franchit jusqu'à l'attitude des spectateurs.

Il est fâcheux que le respect humain s'oppose au fonctionnement régulier de ces steeple-chases parallèles entre hommes et chevaux, car en même temps que l'amélioration des quadrupèdes on obtiendrait celle des piétons, et, tout en facilitant la remonte de notre cavalerie, on rendrait possible le recrutement de nos facteurs ruraux, ce qui rendrait à la fois à la France et à l'administration des postes un double service.

FIN DE LA TROISIÈME PARTIE.

QUATRIÈME PARTIE

L'ART DE TOMBER DE CHEVAL

L'ART DE TOMBER DE CHEVAL

CONSEILS, PRÉCEPTES ET APHORISMES Y RELATIFS

Les préceptes qui suivent, résultat d'observations faites sur le vif par un homme qui possède sur la matière une compétence expérimentale, formulés après réflexion à propos de chutes authentiques, étudiées d'après nature, nous ont paru constituer un guide précieux pour tous ceux qui, montant à cheval, sont exposés à en tomber.

S'il est vrai qu'il n'est pas de si triste situation que le sang-froid ne puisse améliorer, les cavaliers nous sauront gré de leur avoir indiqué ce qu'il y a à faire dans les cas désespérés pour tomber avec grâce.

En suivant nos conseils quand l'occasion s'en présentera, ils éviteront le ridicule d'une chute vulgaire, sans élégance, commune en un mot.

Si, en présence de l'accident, ils se rappellent nos recommandations, s'ils songent à les appliquer, le cavalier pourra être renversé, pilé, broyé, peut-être anéanti, mais le gentleman restera intact; et c'est tout ce qu'il doive souhaiter.

Les chutes se décomposent en plusieurs catégories, qui peuvent être réduites à deux genres principaux : les chutes purement accidentelles et celles qui sont le résultat d'une faute commise contre les lois de l'équitation.

Ces dernières devraient être classées dans la catégorie des châtiments, puisqu'elles frappent toujours un coupable; mais ce ne sont pas les causes de l'accident que nous nous proposons de rechercher. Il s'agit au contraire de savoir, dans un cas donné, le parti qu'un cavalier, homme du monde, préoccupé du qu'en dira-t-on, peut tirer de la projection qui lui est imprimée par la vitesse acquise, les lois de la pesanteur, le déplacement du centre de gravité, la force centrifuge ou centripète, pour conserver, pendant le trajet involontaire qu'il a à décrire du *point de départ au point d'arrivée, une attitude correcte, et montrer, même dans cette position difficile, qu'il est et sait rester homme de tenue.*

Nous cherchons simplement les différentes applications d'un problème mécanique dont la solution doit se trouver mathématiquement.

Une des chutes les plus fréquentes résulte du brusque arrêt du cheval lancé à une allure vive. Si l'arrêt du cheval est prévu, ou même deviné, une simple flexion des reins vous assied en selle de façon à ne rien craindre.

Mais pour peu qu'on soit distrait, le corps suit la vitesse acquise, la tête du cavalier joint l'encolure du cheval, et le mouvement qui

résulte de l'impulsion est absolument semblable à celui qu'opèrent les enfants qui font la culbute.

Les maladroits tombent comme ils peuvent, pile ou face; un homme habile doit retomber sur ses pieds, les rênes dans la main droite, le stick dans la main gauche.

Pour obtenir ce résultat, voici la marche à suivre : ne pas obéir à l'instinct qui vous pousse à saisir soit la crinière, soit une oreille du cheval; se laisser complétement aller pendant la première période de la chute; mais, au mo-

ment où la partie inférieure du corps s'élève au-dessus de l'encolure, accélérer le mouvement par une contraction des reins.

En agissant ainsi, vous ferez le tour complet au lieu de parcourir seulement un demi-cercle qui vous laisserait dans une situation qui, pour être naturelle, prête toujours à rire aux spectateurs.

Vous trouvant ainsi sur vos pieds, que votre monture reste immobile, ou cherche à reprendre son allure, vous en restez maître, et vous êtes en situation de remonter immédiatement en selle.

Si, au lieu d'un simple arrêt, votre cheval fait une faute grave, s'il s'abat complétement, la force d'impulsion devient alors presque irrésistible. Mais,

en ayant soin de jeter le torse en arrière, la pointe des pieds touche d'abord le sol, et vous vous trouvez debout au-dessus du col de votre cheval renversé.

Vous passez alors la jambe, et vous êtes, comme dans le cas précédent, droit à côté de votre monture. La seule précaution à prendre est de déchausser les étriers aussitôt que vous sentez s'abîmer sous vous l'avant-main de votre hack.

Cette chute, très-rare autrefois (on s'est toujours attaché à chercher pour les chevaux de selle des animaux dont les jambes sont d'une réelle solidité), est devenue assez fréquente depuis que les chaussées municipales sont tombées dans un état voisin du délabrement. Les quelques allées cavalières qui existent dans Paris aux alentours du Bois renferment de véritables chausse-trapes, dans lesquelles les jambes d'un cheval lancé au petit galop disparaissent jusqu'aux genoux. Quand votre malechance vous fait passer sur un de ces endroits mouvants, qu'aucun signe extérieur ne révèle, l'écroulement du cheval et du cavalier se fait si instantanément que l'œil de l'observateur le plus attentif ne discerne qu'à grand'peine l'homme de l'animal. Tous deux constituent pendant une fraction de seconde une masse confuse, réfractaire à toute

description. Nous n'avons donc pas à nous préoccuper de l'effet que peut produire durant cette période de la chute le promeneur qui la subit.

Qu'il se rappelle simplement que la souplesse remplace avec avantage les matelas les plus moelleux. Son attitude pendant l'accident lui-même n'offre donc aucun intérêt; la promptitude et la grâce qu'il mettra à se relever constituent la seule chose importante dans ce cas particulier.

Aussitôt qu'il sentira le contact du sol, il devra ramener ses jambes sous

lui par une rapide contraction, et, d'un seul effort des jarrets, se redresser immédiatement, puis, sans s'inquiéter des souillures de ses vêtements, il passera l'inspection de son cheval, constatera s'il n'a reçu aucune atteinte, vérifiera les sangles, et se disposera à remonter en selle.

Si sa redingote est maculée, une âme compatissante ne manquera pas alors d'enlever du parement de son habit la boue ou la poussière, et le cavalier, rapproprié presque malgré lui, en sera quitte pour un remerciment.

Il est essentiel qu'il ne cherche pas à réparer lui-même le désordre de sa toilette; il ferait croire à l'assistance qu'il a l'habitude de s'habiller sans aide, et personne n'achèverait la besogne qu'il aurait commencée.

Dans aucun cas le chapeau d'un véritable cavalier ne doit tomber. Il faut que la coiffure d'un homme qui monte habituellement à cheval soit inébranlable. Les coiffes séparées du corps du chapeau sont celles qui offrent le plus d'adhérence à la tête. C'est d'ailleurs affaire d'outillage, et il n'est pas à Paris un chapelier consciencieux qui ne sache qu'un chapeau de ville et un chapeau de cheval sont deux meubles essentiellement différents.

La solidité de la coiffure est d'une importance indiscutable, car les chapeaux ne tombent guère que dans les circonstances où le cavalier lui-même est en danger de chute, et ce premier accident n'a pas seulement l'inconvénient de le couvrir de ridicule (un monsieur qui galope nu-tête a de tout temps constitué un spectacle des plus plaisants; Carle Vernet lui-même en a été frappé); il a encore cette conséquence grave de laisser nu un crâne exposé à se trouver, d'un moment à l'autre, en contact avec le pavé. Or, il n'existe pas de meilleure défense en pareil cas que le chapeau haut de forme. Le volume considérable d'air qu'il renferme offre plus de résistance que la cape la plus solide, et si tous les cavaliers qui doivent la vie au tuyau de poêle, tant et si injustement calomnié, inscrivaient leurs noms à la suite les uns des autres, la liste en couvrirait certainement le méridien.

On doit donc, quand on tombe sur la tête, conserver son chapeau — c'est un point de la plus haute gravité.

Si on a la mauvaise habitude, inaugurée à tort, selon moi, de remplacer le matin le chapeau grand modèle par une coiffure de fantaisie, s'abstenir rigoureusement de tout exercice qui pourrait entraîner un panache complet — saut de mur ou de barrière fixe — ces deux obstacles ne peuvent être raisonnablement abordés que si l'on a le chef sérieusement garanti, et je le répète, les seuls préservatifs sérieux sont le chapeau haut de forme et la cape de chasse. Tous les autres couvre-chef n'offrent aucune résistance, et ne préservent d'aucun choc de quelque sévérité.

Les mêmes raisons qui interdisent de nommer dans la conversation certaines parties du corps, ne permettent pas à un cavalier d'une véritable éducation de tomber sur certains organes. Toute chute doit pouvoir être racontée partout. C'est un axiome qu'on a le tort de ne pas avoir toujours présent à l'esprit, et j'ai vu de mes yeux des gens dont la mise aurait fait présumer plus de décence, tomber, même en compagnie, dans des positions impardonnables, et cela sans paraître se rendre compte de l'inconvenance dont ils s'étaient rendus coupables.

Certaines personnes, une fois désarçonnées, semblent prendre plaisir à rester étalées dans la poussière ou dans la boue. C'est un tort grave. S'il est permis de faire une chute, rien n'est plus malséant que de se vautrer sur le sol.

A moins d'avoir entièrement perdu connaissance, tout gentleman, si meurtri qu'il soit, doit employer ce qui lui reste d'énergie à se relever.

Un cavalier tombé ne doit pas rester au milieu d'une voie étalé comme un nourrisson qui attend l'arrivée de sa bonne; c'est une attitude humiliante, et, d'ailleurs, cela entrave la circulation.

J'ai dit que tout cavalier en détresse doit tout d'abord déchausser l'étrier. Quand le cheval tombe, la chute est quelquefois si prompte que cette précaution ne peut être prise et que le pied y reste engagé. Si le cheval ne reprend pas sa course, le mal n'est pas grand; mais la plupart du temps les choses se passent autrement : l'animal, à peine relevé, repart d'une allure vive.

Le cavalier doit alors, et c'est sa seule chance de salut, saisir à deux mains les ailes de son chapeau et le maintenir de toutes ses forces; la rigidité des bords garantira sa tête, et la contraction des bras, en recouvrant toute la partie supérieure du buste, ne laissera en contact immédiat avec les aspérités du chemin que les reins et les jambes.

Le cavalier pourra avoir une jambe brisée, mais il évitera d'avoir la tête fracassée, ce qui vaut la peine qu'on prenne en considération notre conseil.

J'ai vu un sportsman, dont le nom comme steeple-chaser est bien connu, désarçonné après le passage d'un obstacle, resté le pied pris dans l'étrier qui, faussé par le poids du cheval, formait étau, se

dégager en piquant l'éperon droit dans la cuisse de sa jument. Un pareil moyen n'est pas à la portée de tout le monde; outre le grand sang-froid qu'il dénote, il faut avoir à sa disposition une vigueur de reins et une longueur de jambes qui sont le monopole de quelques-uns, « au nombre desquels on le range », heureusement pour lui.

Si, pour rentrer chez vous, vous devez parcourir des rues pavées, évitez de tourner au trot pour peu que l'atmosphère soit chargée de la moindre humidité. Les petits pavés d'invention nouvelle, aussitôt mouillés, sont aussi glissants que le miroir le plus uni, et la chute qui coûte à l'armée chaque année sept ou huit estafettes est tellement prompte que peu d'accidents ont des suites plus sérieuses.

Le cheval manque de partout à la fois, et tombe avec une violence telle qu'il est rare que la jambe du cavalier ne se trouve pas engagée sous le corps de sa monture. En outre, la tête, qui se trouve au point le plus élevé de l'arc du cercle décrit dans la chute, arrive sur le sol avec une force décuplée par la distance, et si rien ne vient amortir le choc, on a toutes chances d'avoir le crâne ouvert. C'est en pareille circonstance qu'on connaît l'utilité des bords rigides du chapeau noir, qui rompent, mais ne plient pas.

Le seul mouvement préservatif à conseiller est d'étendre le bras du côté où se fait la chute. On garantit la tête; il est vrai qu'on peut avoir le poignet broyé. C'est à l'intéressé à examiner s'il tient plus à ce dernier membre qu'à son cerveau. Il a, pour décider la question, un moment qui varie d'une demi-seconde à une seconde entière; mais ce temps suffit largement, car toutes les fois qu'on court un danger semblable, le raisonnement prend une activité incroyable, et souvent on conçoit en un clin d'œil une série d'hypothèses qui demanderaient, pour être formulées, un travail de plusieurs heures.

Les plaques de fonte qui recouvrent les ouvertures d'égouts constituent un autre genre de piéges tendus par nos édiles à leurs administrés qui s'adonnent à l'équitation. Beaucoup de chevaux s'en effrayent et refusent d'approcher.

C'est qu'ils y ont été déjà pris, et qu'ils savent combien deviennent glissantes,  par les temps secs, ces plaques de métal polies par le continuel passage des roues.

Si le fer du pied qui y cherche un appui est lui-même un peu usé, la jambe glisse, et le cheval s'abat. Ce qui résulte de toute chute faite au centre de Paris est le produit de tant de circonstances fortuites, qu'on n'en peut déterminer la gravité. Si les dieux sont pour vous, il se peut que vous en soyez quitte à bon marché; mais pour peu que vous soyez en froid avec eux,

l'impulsion reçue vous envoie sous les roues d'un omnibus ou la tête sur l'angle d'un trottoir, et, dès lors, votre sort est dans les mains du hasard seul, dont les facéties sont volontiers cruelles.

Quand un gentleman est lancé par sa monture dans l'intérieur d'une voiture, il doit, si le véhicule est occupé, s'excuser en termes polis; si, au contraire, le hasard l'a fait pénétrer dans une voiture de louage déserte, il peut en profiter pour se faire reconduire chez lui. S'il préfère reprendre sa promenade, il doit la moitié du prix de la course au cocher qu'il a inutilement dérangé. (*Voir les tarifs.*)

Un cavalier ainsi introduit dans la victoria d'une veuve, peut, s'il a quelque présence d'esprit, tirer un excellent parti de sa situation. On affirme que M. de Z... n'a pas été présenté autrement à madame de P... Ce qui est certain, c'est que leur fils aîné a aujourd'hui dix-huit ans.

Il est clair qu'un maladroit qui, ayant la bonne fortune de tomber dans la voiture d'une dame seule, serait assez gauche pour lui briser un bras ou lui fracasser une jambe, serait immédiatement classé parmi les importuns les plus fâcheux.

Il importe donc d'examiner quelle conduite il convient de tenir en pareille circonstance.

L'événement peut se produire de deux manières différentes :

1° Le cocher tournant court et venant se placer dans la ligne que vous suivez. Votre cheval s'arrête net; à ce moment précis, saluez! vous avez dès lors la certitude de ne pas pénétrer chez cette inconnue le chapeau sur la tête, en véritable malotru.

Tranquillisé sur l'opinion qu'on peut avoir sur votre compte, songez dès lors à tout ce qui peut amortir la violence de l'abordage. Si vous pouvez arriver à combiner votre chute de manière à vous trouver assis à côté de la dame, vous aurez atteint l'idéal.

2° Votre cheval en pointant se renverse en arrière. Dans cette hypothèse, au moment où vous vous asseyez sur le côté de la voiture, déchaussez les étriers, saluez de la main gauche, et, d'un vigoureux effort du bras droit, repoussez votre cheval hors de la voiture; vous ferez ainsi preuve à la fois de politesse et de vigueur, deux qualités généralement appréciées.

Quand un cavalier tombé se trouve pris sous sa monture, il doit rester immobile, pelotonné sur lui-même, de manière à présenter la moindre surface possible aux coups que peut lui porter le cheval en se relevant.

Il arrive souvent que ce dernier, en cherchant un point d'appui, pose le pied ou le genou sur la poitrine de son cavalier. Ce geste coûte, en général, à celui-ci, une ou plusieurs côtes; mais quelque douloureuse que soit la pression subie, les spectateurs ne doivent jamais entendre une plainte ni un cri. Un cavalier qui pousserait à ce point l'oubli du respect humain, descendrait, par ce seul fait, au rang de vélocipédiste.

Quand un cheval pointe, rendez la main, et frappez à tour de bras derrière la botte.

De deux choses l'une, ou l'animal ainsi attaqué se portera violemment en avant, ou bien la contraction que lui causera la douleur de la correction accélérera son mouvement en arrière.

Dans ce dernier cas, lâchez tout, et prenez pied du côté opposé à celui de son inclinaison.

Il tombera sur le dos, les quatre fers en l'air.

N'en approchez pas avant qu'il ait repris terre.

Un cheval tombé dans ces conditions est d'un voisinage aussi dangereux qu'un âne qui se roule, et il faut ne lui reprendre la bride qu'au moment où il reprend son élan pour se relever.

L'écart n'est réellement déplaçant qu'autant qu'il est suivi d'un retour fait dans le sens opposé au saut de côté. Quand ce genre d'espièglerie est exécuté avec la rapidité de mouvements particulière aux animaux de pur sang, il se trouve peu de cavaliers doués d'assez de liant pour y résister.

Ce qu'il y a de plus fâcheux, c'est que presque toujours la chute qu'elle amène a lieu en arrière. Le danger est donc que la nuque touche terre la première, ce qui entraîne presque inévitablement un évanouissement assez prolongé.

La meilleure parade consiste à jeter les bras en arrière, mouvement instinctif de tous les gens qui, dans un escalier, glissent les pieds en avant; de cette façon, les mains portent en même temps que les talons, et le choc, ainsi

décomposé, ne produit plus qu'un ébranlement à peu près insignifiant.

Certains chevaux ont la mauvaise habitude de chercher à se coller contre leurs camarades de promenade, — et bon nombre parmi eux poussent cette manie à un tel point qu'ils frôlent au passage les animaux qu'ils rattrapent; — quand le cavalier qui les monte n'a pas assez d'aides pour leur résister, il en résulte qu'ils abordent de flanc le cheval qu'ils dépassent.

La jambe du cavalier ainsi abordé, prise en dessous, monte au-dessus de sa monture, et le malheureux se trouve à plat ventre sur le sol après avoir décrit une demi-volte aérienne.

Rien n'est plus désagréable que cette chute imprévue, qui vous surprend ordinairement dans les moments de quiétude absolue, lorsque vous marchez au pas, ou qu'arrêté sur le côté d'une allée, vous allumez tranquillement un cigare.

Pas d'autre conseil à donner que d'invectiver vigoureusement le butor qui vous aura culbuté — ou mieux — remonter en selle, et, sans lui rien dire, donner à son détriment cette fois une nouvelle représentation de l'exercice ci-dessus décrit.

Dans un pays comme le nôtre, où les changements de température s'opèrent avec la plus grande rapidité, il n'est pas rare qu'une excursion commencée par un temps favorable se termine au milieu du verglas le plus complet.

Dans ce cas, descendre aussitôt de cheval, nouer la rêne de bride et marcher devant sa monture, en tenant la rêne de filet aussi loin qu'il sera possible; de la sorte, si l'animal tombe, il tombera seul et ne fauchera pas vos jambes en glissant tout à coup, inconvénient auquel vous seriez gravement exposé si, le tenant court, vous marchiez à son côté.

Toute chute survenue après que le cheval s'est emporté est grave, si le cavalier qui la subit est contracté par des efforts exagérés.

S'il a conservé son sang-froid, s'il est dans un état de souplesse réelle, il n'y a aucune raison pour que le choc qu'il éprouvera soit plus violent que dans n'importe quelle circonstance où la course d'un cheval lancé à une allure vive se trouve subitement interrompue.

Comptez combien de chutes faites en chasse ou en courses d'obstacles n'ont amené aucune suite fâcheuse, et comparez avec un nombre égal d'accidents causés par des chevaux emportés.

La vitesse est cependant à peu près égale; mais dans le premier cas la chute surprend le cavalier, et il arrive sur le sol avec toute son élasticité; dans le second cas, l'appréhension le roidit, et ses muscles, tendus comme des cordes de violon, prennent une rigidité qui double la violence du choc.

La plupart d'entre eux disent en galopant plus vite qu'ils ne veulent : « Que va-t-il m'arriver? » Nous leur conseillons de changer simplement la forme de la phrase qui leur vient naturellement à l'esprit, et de dire : « Advienne que pourra! »

Parmi les causes d'accident spéciales à la ville de Paris, il faut compter les tuyaux d'arrosage. — Rien n'effraye plus sûrement un cheval que le jet mobile de ces instruments municipaux, et toutes les roulettes qui soutiennent ce serpent artificiel font, une fois en mouvement, un bruit terrible qui contribue à doubler l'effroi qu'il inspire aux chevaux un peu impressionnables.

Quand il est immobile, en travers d'une voie, il constitue pour tout cavalier quelque peu distrait un piége des plus perfides, trop peu élevé pour que le cheval y fasse attention, et assez résistant pour amener une chute aussitôt qu'on le heurte; il a sur la conscience une foule de désastres.

Les résultats immédiats de pareils accrocs sont plus ou moins douloureux, mais les suites qu'ils peuvent entraîner sont incalculables.

Les distractions d'un cavalier ont presque toujours une seule et même cause : le passage de l'objet aimé, comme on disait au temps de Toppfer.

Or quelle déplorable attitude pour un soupirant plus ou moins avancé dans sa recherche que de voltiger dans les airs les pieds empêtrés dans un tuyau de conduite !

J'en sais un que l'objet aimé avait surnommé, après une pareille aventure, le Laocoon — du macadam.

Cette désignation mythologique est, d'ailleurs, la seule faveur qu'il ait jamais obtenue de la dame.

Quand un chien se met à la poursuite de votre cheval, ralentir immédiatement votre allure, et parler d'une voix douce à votre agresseur; libre à vous de l'appeler « stupide animal », mais en ayant l'air gracieux. — Il sera sensible à ce procédé courtois en apparence, et ira harceler quelque autre cavalier moins au courant des mœurs canines.

Se méfier tout particulièrement dans certaines contrées, Landes, Bretagne, Sologne, des agglomérations porcines; pour être domestiqués, ces animaux utiles ont conservé la dent de leur cousin le sanglier, et bon nombre de chevaux élevés dans leur voisinage, qui portent aux jambes les traces de leurs morsures, gardent fidèlement le souvenir des inconvénients d'une pareille fréquentation.

Ceux-là, à la vue d'un... comment dirai-je? empruntons aux Beaucerons une circonlocution connue; ceux-là, dis-je, à la vue d'un habillé de soie, sont saisis d'une terreur folle, et si vous les contraignez à en approcher, ils se livrent à des sauts de mouton désespérés, à des tentatives furieuses de révolte. Si vous vous trouvez à pareille fête, tenez ferme, et prenez plutôt les crins que de vous laisser désarçonner, car ce serait contre vous que se tournerait la colère du troupeau : colère ridicule, mais dangereuse; colère aveugle, que rien n'apaise, et à laquelle on ne peut échapper que par la fuite. En conséquence, au premier grognement, piquer des deux.

CONCLUSION

Je me rappelle avoir, il y a quelques années, accompagné un ami qui, escorté d'un piqueur anglais, essayait un cheval avec lequel il comptait faire sa saison de chasse.

L'animal, un peu taré et très-sensible de l'arrière-main, l'emballa à la deuxième foulée de galop.

Homme et cheval disparurent en un clin d'œil, suivis à une certaine distance par le maquignon. Après un très-court espace de temps, celui-ci revenait seul, tenant en main le second cheval : — Et mon ami? lui dis-je. — Il est chez le pharmacien.

Aucune accentuation ne peut donner une idée complète du sang-froid avec lequel furent dites ces simples paroles : Il est chez le pharmacien.

C'était pour ce brave Anglais la chose la plus naturelle; et en effet, que pouvait-on faire de mieux que de l'y conduire? Il avait été malencontreusement chavirer à l'angle d'un trottoir, et il avait le front quelque peu fendu. Tout était donc pour le mieux; le cheval était intact, et l'on s'occupait de raccommoder le cavalier.

Depuis cet incident, toutes les fois que je vois un cavalier marchant plus vite qu'il ne veut, toutes les fois que je vois un cheval gagner à la main, je pense à mon Anglais, et je me dis : Encore un qui va chez le pharmacien.

Combien de ceux qu'on y a portés et qu'on y porte chaque jour, auraient économisé de sparadrap, d'eau-de-vie camphrée, d'arnica et autres vulnéraires, s'ils avaient mis en pratique les conseils qui précèdent! Combien de tibias, de clavicules, de fémurs, de péronés, de côtes, de radius et de cubitus seraient encore intacts, si leurs propriétaires avaient été pénétrés de la réalité de cet axiome, par lequel je clos ce manuel abrégé :

« Le cheval renverse le cavalier ; c'est la peur qui l'estropie. »

FIN DE PARIS A CHEVAL.

TABLE

Préface. IX

PREMIÈRE PARTIE.

CAVALERIE PARISIENNE.

CHAPITRE I. — Son recrutement. 1

De quoi se compose la cavalerie parisienne. — Son recrutement. — Le *marché aux chevaux.* — Le *Tattersall.* — Le cheval de trois mois. — Chez Chéri. — Les grands marchands. — Le marchand chic. — Son écurie. — Son piqueur. — Le marchand français. — Son installation. — Le marchand de cheval. — Marchands suburbains. — Les arrivages en gare. — Les annonces. — Bon cheval de service, se monte, s'attelle, a chassé, mis pour dame.

CHAPITRE II. — Dans Paris. 33

De la circulation en général. — Conseils pratiques. — De l'omnibus et de ses rapports avec les équipages particuliers. — Les tramways. — Voitures-réclames. — *Old England and C°.* — Arbres ambulants. — Fers et moellons. — Anecdote rétrospective. — Les camionneurs. — MM. les bouchers, laitiers, maraîchers, cochers de fiacre et maraudeurs. — L'art d'accrocher. — Les ordinaires de la *Compagnie générale.*

CHAPITRE III. — Aux Champs-Élysées. 81

Le public du matin. — Balayeurs et retardataires. — Coupés de nuit. — Marchands et dresseurs. — Réflexions sur le costume. — MM. les arroseurs municipaux. — Cochers d'omnibus. — De l'utilité des pharmaciens dans les quartiers à marchands de chevaux. — Professeurs de guides. — Les Champs-Élysées le soir. — Croquis d'été.

CHAPITRE IV. — De l'installation d'une écurie de service. 117

Conseils à un garçon. — Plan, aménagement. — Bat-flancs. — Mangeoires et râteliers. — La question des eaux. — *Écurie matrimoniale.* — Conseils à la femme d'un homme qui, à force d'aller en omnibus pendant son temps de célibat, est parvenu à se constituer un capital suffisant pour offrir à la compagne qu'il s'est choisie tous les moyens de transport désirables.

CHAPITRE V. — Le concours hippique. 145

Ce que devait être le concours hippique. — Ce qu'il a été. — Ce qu'il est devenu. — Le prestige de l'uniforme. — Un carrousel. — Souvenirs et regrets. — Cavaliers laïques et militaires. — Spectateurs et spectatrices.

DEUXIÈME PARTIE.

AU BOIS DE BOULOGNE.

CHAPITRE I. — Le Bois le matin 193
    Réflexions générales. — La saison. — La petite plage ou le club des pannés. — Premiers cavaliers; MM. les officiers. — Préparatifs de cavalcades. — Mise en selle. — Paniers et charrettes. — Processions d'habitués. — A propos de bottes. — Groupes d'amazones. — L'allée des potins.

CHAPITRE II. — Le Bois l'après-midi 257
    Le persil; son origine; en quoi il consiste. — Tout petits crevés. — Promenades d'apparat; le vrai et le faux chic. — Quelques équipages de grand style. — Coupés au mois et locatis. — Cavaliers du soir. — Joueurs de polo. — Pendant les grands froids. — Traîneaux et traînés. — Promenades des manéges. — Les noces du samedi.

CHAPITRE III. — Au Bois le soir 289
    Jours caniculaires. — Tout le long, le long de la rivière. — De l'utilité des limonadiers. — Ombres chinoises et jugements téméraires.

TROISIÈME PARTIE.

AUX COURSES.

CHAPITRE I. — Courses plates 303
    Longchamps et Chantilly. — Comment et pourquoi l'on va aux courses. — Un jour de grand prix. — Un derby. — Le pesage. — Propriétaires et jockeys. — Bookmakers et parieurs.

CHAPITRE II. — Les steeple-chases 337
    De la génération spontanée des hippodromes dans la banlieue parisienne. — Du steeple-chase dans ses rapports avec l'art dramatique. — Du spectateur compatissant et du spectateur féroce. — De quels obstacles essentiels doit être hérissée une piste de steeple-chase. — Jockeys et amateurs. — Le club de la rue Royale. — Auteuil. — Réunions privées. — La Marche. — La Croix-de-Berny. — Aller et retour.

QUATRIÈME PARTIE.

L'art de tomber de cheval. — Conseils, préceptes et aphorismes y relatifs 375

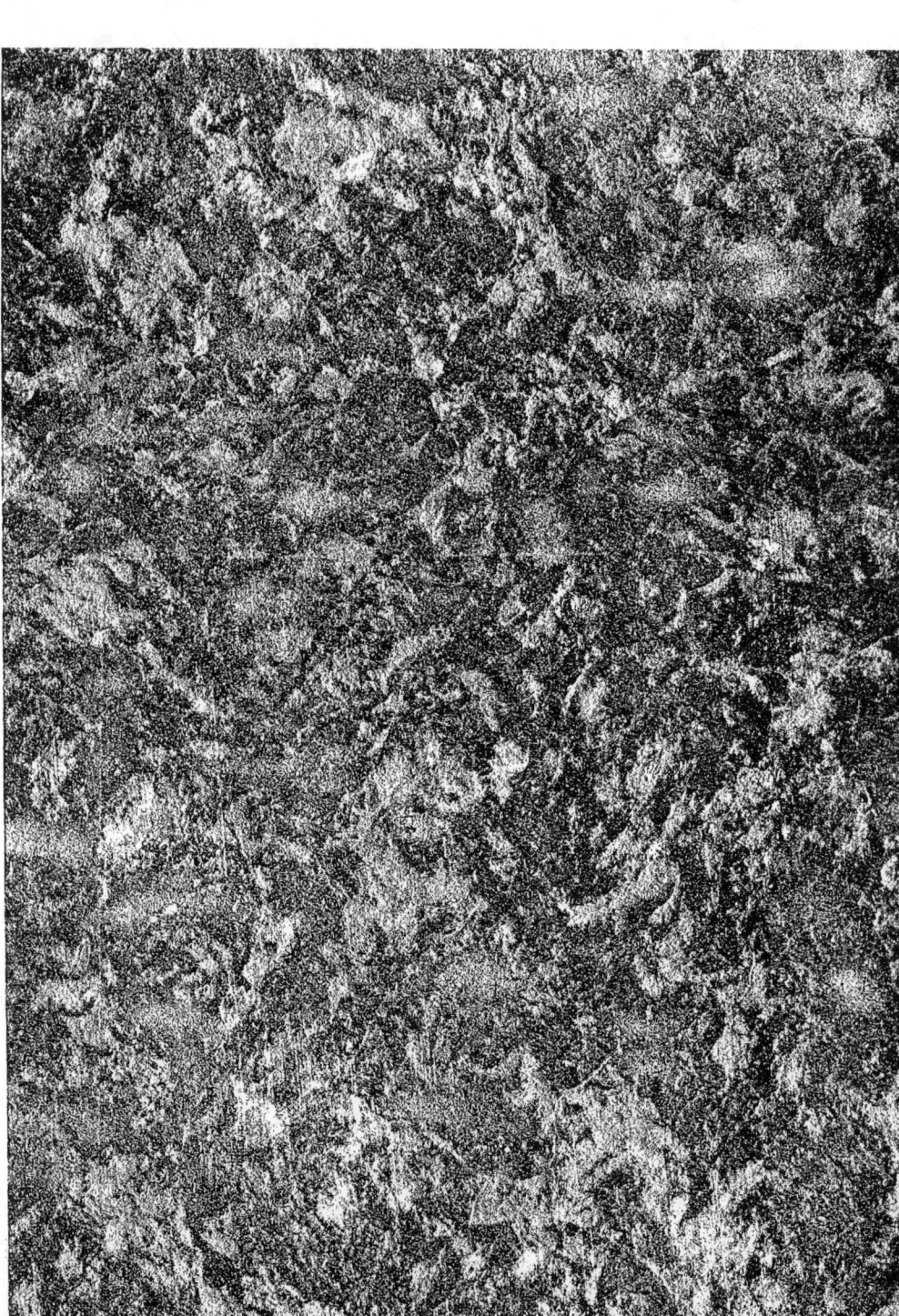

www.ingramcontent.com/pod-product-compliance
Lightning Source LLC
Chambersburg PA
CBHW072216240426
43670CB00038B/1537